10 STORI RYFEDDOL O HANES CYMRU

i'w rhannu a'u mwynhau

SIÂN LEWIS A CHARLOTTE WILLIAMS

DARLUNIAU KYLE LEGALL

RILY

rily.co.uk

I blant Cymru – C.W. a S.L.

I blant Tiger Bay a dyfodd i fyny a'n dysgu sut i garu, chwarae a pharchu pwy ydyn ni ac o ble daethon ni – K. L.

Hoffai'r cyhoeddwyr ddiolch i Alun Morgan a Michael Furnham am eu cyngor a'u cefnogaeth.

RILY

Cyhoeddwyd gan Rily Publications Ltd 2025
Blwch Post 257, Caerffili CF83 9FL

www.rily.co.uk

ISBN 978-1-80416-455-6

Dyluniad: Tanwen Haf, Whitefire Designs

The publisher acknowledges the financial support of the Welsh Books Council.

Cyhoeddwyd gyda chymorth ariannol Cyngor Llyfrau Cymru.

Argraffwyd yn China.

FSC www.fsc.org CYMYSGEDD Papur | Yn cefnogi coedwigaeth gyfrifol FSC® C020056

Cynnwys

CYMRU RUFEINIG

O SEGONTIUM I ISCA

Roedd Cymru'n rhan o'r Ymerodraeth Rufeinig am dros 300 mlynedd.

- c. 61/62 — Boudica (Buddug) a'i byddin yn gwrthryfela'n erbyn y goresgynwyr Rhufeinig.
- c. 73 — Y Rhufeiniaid yn llywodraethu yng Nghymru.
- c. 75 — Yn ne Cymru mae'r Rhufeiniaid yn codi lleng-gaer yng Nghaerllion a Civitas (ardal weinyddol Rufeinig) yng Nghaer-went, ar ôl concro'r Silwriaid.
- c. 77 — Segontium yw canolfan weinyddol y Rhufeiniaid yng ngogledd Cymru.
- c. 212 — Pob dyn rhydd yng Nghymru yn cael dod yn ddinesydd Rhufeinig.
- c. 383 — Flavius Magnus Maximus Augustus, neu Macsen Wledig, yn ennill rheolaeth dros Brydain, Sbaen a Gâl ac yn dod yn Ymerawdwr yr Ymerodraeth Rufeinig yn y gorllewin (383–388).
- c. 383 — Pictiaid a Cheltiaid Iwerddon yn ymosod. Mae'r Rhufeiniaid bron i gyd wedi gadael Cymru erbyn diwedd y 4edd ganrif.

Dwi'n ddinesydd Rhufeinig, balch. Cyn hir bydda i'n ddyn. Pan awn ni'n ôl i gaer fawr Isca Augusta, bydda i'n gwisgo'r *toga virilis* ac yn dathlu fy mhen-blwydd yn 12 oed. Byddwn ni'n gweld Tata eto. Tribiwn yw Tata yn y lleng o 5,000 o ddynion sy yno.

Yn Segontium maen nhw'n paratoi ar gyfer ymosodiadau gan y Pictiaid rhyfelgar (Albanwyr) a'r Celtiaid (Gwyddelod), felly rhaid i ni deithio'n ôl adre i Isca gyda Mama. Rydyn ni'n codi'n gynnar ac yn bwyta uwd, aeron sych a bara i frecwast. Mae dwy gaethferch o Iberia'n teithio gyda ni ac Einion, ein tiwtor. Brython yw Einion. Fe sy'n ein dysgu i sgrifennu a darllen. Ond dim gwersi i fi heddiw. Mae Einion wedi dweud y ca i orymdeithio y tu ôl i'r milwyr!

Mae Mama'n teithio yn y gert gyda fy nwy chwaer. Maen nhw'n canu'u caneuon doniol, Brythoneg. Ar y ffordd mae Mama wedi bod yn adrodd storïau yn ei hiaith. Mae'n sgwrsio gyda phlant y pentrefi a gweision fferm cyffredin. Mama fach. Pryd bydd hi'n anghofio'i hen fywyd? Mae Tata wastad yn chwerthin ac yn dweud ei bod hi'n gwisgo'r gemwaith, y torch, ond yn dal i ymddwyn fel Brython tlawd.

Ar ôl teithio am ddyddiau drwy'r mynyddoedd gwyllt a pheryglus, dyma ni'n cyrraedd adre. Yn Isca rydyn ni'n cael bara a chaws i ginio, ac weithiau crempogau gwenith. Yna mae gwaith i'w wneud. Mae'r merched yn gofalu am yr anifeiliaid a'r ardd, dysgu gwehyddu ac yn helpu yn y tŷ. Mae doliau ganddyn nhw, ac maen nhw'n gwneud llestri clai ac yn esgus bod yn famau. Ond bachgen Rhufeinig ydw i. Bydda i'n un o filwyr Rhufain fel Tata. Dwi'n ymarfer gyda'r cleddyf pren, ac yn dysgu sut i farchogaeth ac areithio.

Ryw ddiwrnod fi fydd yn rheoli Isca i gyd, ei neuadd fawr, y baddonau enfawr a'r mosaig gwych. Bydda i'n cerdded drwy'r farchnad brysur yn ei chanol ac yn blasu'r bwydydd hyfryd sy'n cyrraedd o bob rhan o'r Ymerodraeth – olifau, lemonau, *garum* a physgod. A bydda i'n gyrru'r Pictiaid twyllodrus i ffwrdd. Ymlaen, Britannia!

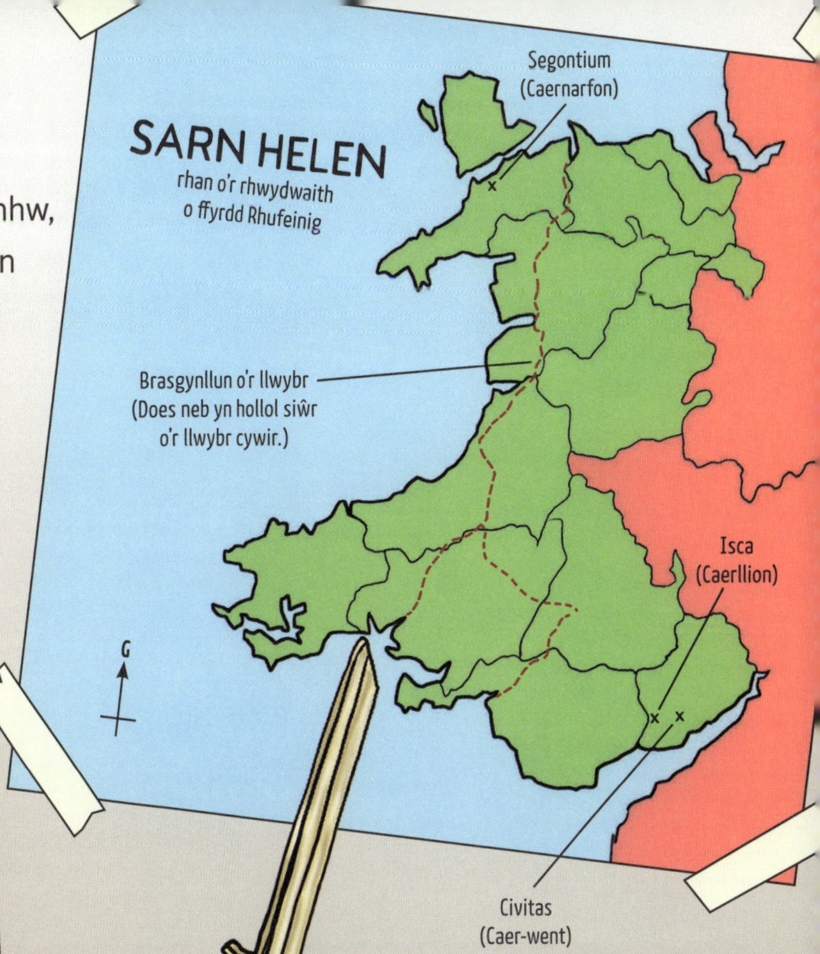

Bywyd Rhufeinig

Paganiaid oedd y Rhufeiniaid i ddechrau, 'run fath â'r Cymry. Roedd ganddyn nhw nifer o dduwiau. Er enghraifft, Mawrth oedd eu duw rhyfel a Minerfa oedd eu duwies doethineb. Yn nes ymlaen daethon nhw'n Gristnogion a chredu mewn un duw, er bod llawer o lwythau Cymru'n dal i gredu yn eu duwiau gwahanol. Mae'r cymeriad Taran yn y Mabinogi yn seiliedig ar Taranis, duw mellt a tharanau'r Celtiaid.

Yn ystod cyfnod y Rhufeiniaid, roedd y mwyafrif o bobl yn siarad Brythoneg. O'r iaith hon y datblygodd yr iaith Gymraeg. Mae llawer o eiriau Cymraeg yn tarddu o iaith y Rhufeiniaid, sef Lladin. Er enghraifft, mae'r geiriau *llyfr*, *ffenestr*, *ystafell*, *pont* yn dangos dylanwad y Rhufeiniaid ar ein hiaith. Mabwysiadodd yr Hen Gymraeg ysgrifenedig lawer o lythrennau, symbolau a synau o'r wyddor Ladin.

Yr Ymerawdwr Flavius Magnus Maximus Augustus (Macsen Wledig) oedd yn rheoli'r Ymerodraeth Rufeinig yn y gorllewin, gan gynnwys Britannia. Mae stori Breuddwyd Macsen Wledig yn y Mabinogi yn sôn am ei gariad tuag at ei wraig brydferth, y Dywysoges Elen o Segontium, un o'r Brythoniaid. Roedd priodasau pwysig fel hyn yn meithrin perthynas heddychlon rhwng y Brythoniaid a'r Rhufeiniaid. Rhoddodd Macsen Wledig hawl i'r llwythau brodorol i'w rheoli eu hunain. Wrth i'r gwahanol bobloedd gymysgu â'i gilydd, rydyn ni'n eu galw'n Frythoniaid Rhufeinig.

Roedd rhwydwaith o hewlydd a phontydd yn cysylltu'r garsiynau Rhufeinig ar draws Cymru. Wrth fynd o fan i fan byddai'r teithwyr yn gwersylla neu'n aros mewn lletyau, o'r enw *mansiones*, ar ymyl y ffordd. Heddiw mae llawer o hewlydd yn dal i ddilyn ffyrdd y Rhufeiniaid. Mae Sarn Helen, y ffordd Rufeinig fawr oedd yn ymestyn am 160 milltir o ogledd i dde Cymru, yn dwyn enw Santes Elen, y dywysoges a briododd yr Ymerawdwr Magnus Maximus. Mae gan y Super Furry Animals gân o'r enw *Sarn Helen*!

Roedd y Rhufeiniaid yn perthyn i sawl diwylliant gwahanol. Yn ogystal â'r llwythau o Frythoniaid, gallai pobl ar draws Ewrop, y Dwyrain Canol a gogledd Affrica ddod yn ddinasyddion Rhufeinig. Rydyn ni'n gwybod bod Rhufeiniaid a anwyd yn Affrica ymysg swyddogion y llengau, ac mae sôn am filwr Rhufeinig Du yn helpu i adeiladu Mur Hadrian yng Nghymbria. Ganwyd yr ymerawdwr Affricanaidd, Septimius Severus, yn Libya a phriododd Frythones o'r enw Regina, a fu unwaith yn gaethferch. Mae hanes eu priodas ar garreg fedd Regina.

Meddylia am y baddonau Rhufeinig fel mannau lle gallai oedolion ymlacio a chymdeithasu. Châi plant ddim ymolchi yno. Roedd gan Gaerllion gyfres o ystafelloedd ymolchi cyhoeddus: y *frigidarium*, sef y baddon oer, yna'r *tepidarium*, y baddon cynnes, a'r *caldarium*, y baddon poeth. Yno hefyd roedd pwll nofio enfawr awyr-agored – *natatio* – oedd yn dal dros 80,000 galwyn o ddŵr. Canolfan hamdden gyntaf Cymru!

Roedd y Rhufeiniaid yn hoffi trafod gwleidyddiaeth ac yn hoffi cynnal partïon. Roedd areithio, gwledda a'r theatr yn rhan bwysig o'u hadloniant, a'r amffitheatr, fel arfer, oedd canolfan y dathliadau hyn. Roedd gan Gaerllion amffitheatr gwych, gyda lle i 6,000 eistedd yno. Gallai'r fyddin, y gweithwyr, y teuluoedd, a'r bobl gyffredin (*plebs* yn Lladin) wylio'r gladiatoriaid yn ymladd ac anifeiliaid gwyllt yn cael eu harddangos ac, weithiau, eu lladd. Mae adfeilion amffitheatr Caerllion yn dal yno.

Mae gan Gymru gyfoeth o fwynau, a ddenodd y Rhufeiniaid yma i gloddio am gopr, haearn, plwm ac aur. Roedden nhw'n hoff iawn o aur ac yn ei ddefnyddio i wneud tlysau, addurno helmedau ac arfwisgoedd, a bathu darnau arian. Hyd y gwyddon ni, Dolaucothi ym Mhumsaint yw'r unig safle ym Mhrydain lle bu'r Rhufeiniaid yn cloddio am aur.

Hywel Dda

CYFRAITH CYMRU

- 942 — Hywel yn rheoli rhan helaeth o Gymru.
- c. 942 — Hywel a'i gynghorwyr yn llunio set o gyfreithiau.
- c. 950 — Hywel yn marw.
- 1284 — Cyfraith Lloegr yn disodli cyfraith Cymru i raddau.
- 1536 — Cymru'n gorfod dilyn cyfraith Lloegr.
- 2008 — Y Cynulliad Cenedlaethol yn pasio'r ddeddf Gymreig gyntaf ers cyfnod Hywel.

Hywel ap Cadell ydw i, neu Hywel Dda i chi. Ie, Dda! Pam nad ydw i'n 'Fawr', fel fy nhaid, Rhodri Mawr? Neu'n 'Hywel y Mwyaf', achos roedd fy nheyrnas yn fwy na'i un e? Erbyn diwedd fy oes ro'n i'n rheoli Cymru gyfan, bron iawn.

Dim ond teyrnas fach Seisyllwg yn y de-orllewin oedd gan Cadell, fy nhad. Ar ôl iddo farw, des i'n frenin yn ei le. Wedyn fe briodais ferch Llywarch, Brenin Dyfed, a phan fu e farw, etifeddais i Ddyfed hefyd. O fewn ychydig flynyddoedd, ro'n i wedi cipio Brycheiniog, ac yna Gwynedd a Phowys.

Os ydych chi am fod yn frenin pwerus, mae'n rhaid bod yn ffyrnig a chreulon. Yn ôl rhai, ro'n i ar gymaint o frys i fod yn frenin Dyfed, fe lofruddiais fy nhad-yng-nghyfraith. Felly, pam ydych chi'n mynnu dweud 'mod i'n dda?

A, dwi'n gwybod. O achos y cyfreithiau, mae'n siŵr. Wrth i 'nheyrnas dyfu, ro'n i eisiau gofalu bod fy mhobl i gyd yn dilyn yr un rheolau. Ro'n i am iddyn nhw ddeall beth oedd eu rôl mewn cymdeithas a deall eu cyfrifoldeb tuag at ei gilydd. Felly gelwais gynrychiolwyr o bob rhan o'r deyrnas i Hendy-gwyn ar Daf ac yno fe lunion ni gyfraith y wlad.

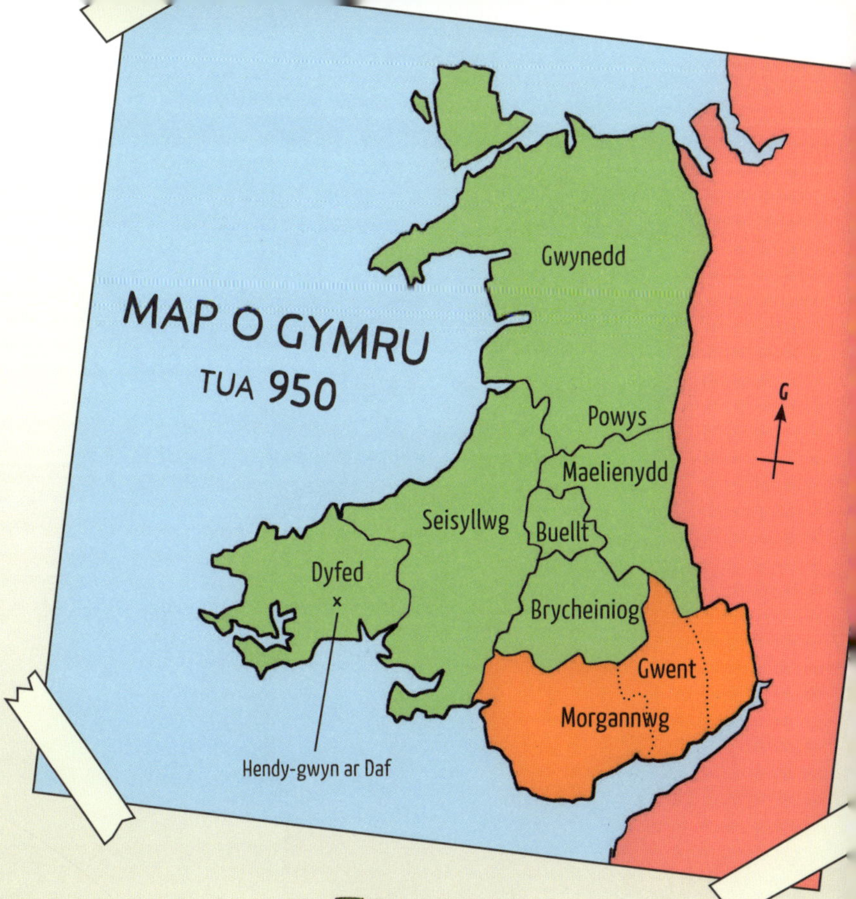

Teyrnas Hywel

Roedd y fenter yn llwyddiant. Am weddill fy mywyd roedd fy nheyrnas yn heddychlon, ac am ganrifoedd wedyn, bu'r Cymry'n dilyn fy nghyfreithiau i.

Nawr, dros fil o flynyddoedd yn ddiweddarach, mae Siambr yn y Senedd yng Nghaerdydd lle gall pobl ifainc ddod at ei gilydd i drafod materion pwysig. 'Siambr Hywel' yw ei henw. Yn ne-orllewin Cymru, lle roedd fy nheyrnas fach gyntaf, mae Bwrdd Iechyd sy'n dwyn fy enw. Bwrdd Iechyd Prifysgol Hywel Dda.

Fi, Hywel Dda, yw'r unig un o frenhinoedd Cymru sy'n cael ei alw'n 'Dda'. Mae'n well na bod yn 'Fawr'.

Tegwch a'r Gyfraith

Ai Hywel luniodd y cyfreithiau sy'n dwyn ei enw? All neb fod yn siŵr ond mae'r rhan fwyaf o'r copïau sy'n dal i fodoli, yn dweud mai fe wnaeth. Ysgrifennwyd y copïau hyn dair canrif ar ôl i Hywel farw. Mae rhai'n cael eu cadw yn y Llyfrgell Genedlaethol yn Aberystwyth.

Mae llawer o gyfreithiau Hywel yn ymwneud â throsedd a chosb. Mewn achos o lofruddiaeth, byddai'n rhaid i'r llofrudd a'i deulu i gyd dalu iawndal i deulu'r person fu farw. Roedd maint yr iawndal yn dibynnu ar bwysigrwydd y person. Galanas oedd enw'r iawndal hwn.

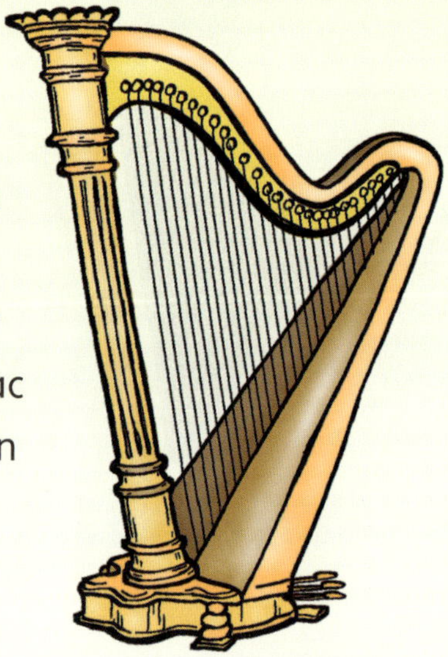

Yn 1284, ar ôl concro Cymru, mynnodd y Brenin Edward I fod Cymru'n dilyn cyfraith Lloegr mewn achosion troseddol. Ddwy ganrif yn ddiweddarach, ysgrifennodd Dafydd ab Edmwnd gerdd drist am ei ffrind Siôn Eos, telynor o ogledd Powys. Roedd Siôn wedi lladd dyn yn ddamweiniol mewn ffrae, ac roedd ei deulu'n barod i dalu'r iawndal. Ond doedd cyfraith Lloegr ddim yn caniatáu hynny, felly cafodd Siôn ei grogi.

Yn 1536, pan oedd Harri VIII yn frenin, daeth Cymru'n rhan o Loegr, a gorfod dilyn cyfraith Lloegr. Câi'r gyfraith ei gweinyddu yn yr iaith Saesneg er mai Cymraeg oedd unig iaith y mwyafrif o'r Cymry.

Yn Llanbedr Pont Steffan, Ceredigion, bron dair canrif yn ôl, roedd Syr Herbert Lloyd, sgweiar lleol, yn benderfynol o fachu'r darn bach o dir oedd yn eiddo i'w gymydog, Siôn Philip. Gwrthododd Siôn werthu'r tir, felly gorchmynnodd Syr Herbert i'w weision ollwng hwrdd du gwerthfawr i lawr simnai Siôn. Yna fe gyhuddodd Siôn o'i ddwyn. Cafodd Siôn ei hel i'r carchar i sefyll ei brawf, yn Saesneg, o flaen rheithgor oedd yn llawn o ffrindiau'r sgweiar. Dyfarnwyd e'n euog a'i grogi. Ac fe gafodd Syr Herbert y tir.

Allwn ni ddim profi bod pob gair o'r stori hon yn wir, ond, yn bendant, roedd hi'n anodd iawn i bobl gael tegwch, os nad oedden nhw'n medru siarad Saesneg.

Daeth Mahmood Mattan i Gymru o Somaliland. Yn 1952 cyhuddwyd e o ladd perchennog siop yng Nghaerdydd. Nid Saesneg oedd ei famiaith, felly dylai fod wedi cael cyfieithydd i'w helpu i ddeall beth oedd yn digwydd yn y llys. Ond chafodd e ddim, ac er nad oedd tystiolaeth gref yn ei erbyn, ar ôl sefyll ei brawf o flaen rheithgor o ddynion gwyn, dyfarnwyd e'n euog a'i grogi. Flynyddoedd yn ddiweddarach profwyd fod Mahmood Mattan yn ddieuog.

Yn 1942, yn dilyn deiseb, cafodd pobl hawl i ddefnyddio'r Gymraeg yn llysoedd Cymru am y tro cyntaf ers dros 400 mlynedd. Ond, yn gyntaf, roedd raid iddyn nhw brofi y bydden nhw dan anfantais pe baen nhw'n gorfod siarad Saesneg. Bum mlynedd ar hugain yn ddiweddarach, yn 1967, pasiwyd Deddf yr Iaith Gymraeg. Nawr mae gan bawb hawl i siarad Cymraeg mewn llys yng Nghymru.

Llywelyn ap Gruffudd

- 1255 — Llywelyn yn rheoli Gwynedd Uwch Conwy.
- 1258 — Llywelyn wedi concro neu ennill cefnogaeth y rhan fwyaf o Gymru.
- 1267 — Harri III yn cydnabod Llywelyn fel Tywysog Cymru.
- 1274 — Llywelyn yn gwrthod talu gwrogaeth i Edward I, mab Harri.
- 1276 — Edward I yn rhyfela yn erbyn Llywelyn.
- 1277 — Cytundeb Aberconwy. Mae Llywelyn wedi colli llawer o'i diroedd.
- 1282 — Llywelyn yn marw yng Nghilmeri.

TYWYSOG CYMRU

Llywelyn ap Gruffudd ydw i, Tywysog Cymru a disgynnydd i arglwyddi mawr Gwynedd, sy wedi rheoli yn y wlad hon ers cyn cof. Ond heddiw daeth un o ffrindiau Edward, Brenin Lloegr, â neges i mi. 'Anghofia fynyddoedd Gwynedd,' meddai. 'Symud i Loegr, lle cei di diroedd breision.'

Lloegr? Cymru yw 'ngwlad. Dwi wedi treulio 'mywyd cyfan yn ei hamddiffyn rhag Edward a'i dad o'i flaen. Yn gyntaf, roedd raid wynebu dau o 'mrodyr oedd yn mynnu'r hawl i reoli Gwynedd Uwch Conwy. Trechais y ddau a'u carcharu. Roedd raid bod yn gryf.

Ar ôl delio â 'mrodyr, sgubais drwy Gymru, gan goncro pob arweinydd lleol fentrai sefyll yn fy erbyn, ac ennill parch y lleill. Rŵan safai'r Cymry i gyd wrth fy ochr, yn barod i herio'r brenin, pe bai'n bygwth ein tir.

Harri III, tad Edward, oedd y brenin hwnnw. Yn Nhrefaldwyn, yn 1267, arwyddodd Harri a minnau gytundeb. Ynddo, roedd y brenin yn cydnabod mai fi oedd Tywysog Cymru ac arweinydd fy mhobl. Cytunais innau i dalu gwrogaeth i Frenin Lloegr.

Roedd hynny bymtheg mlynedd yn ôl. Mae Harri wedi marw

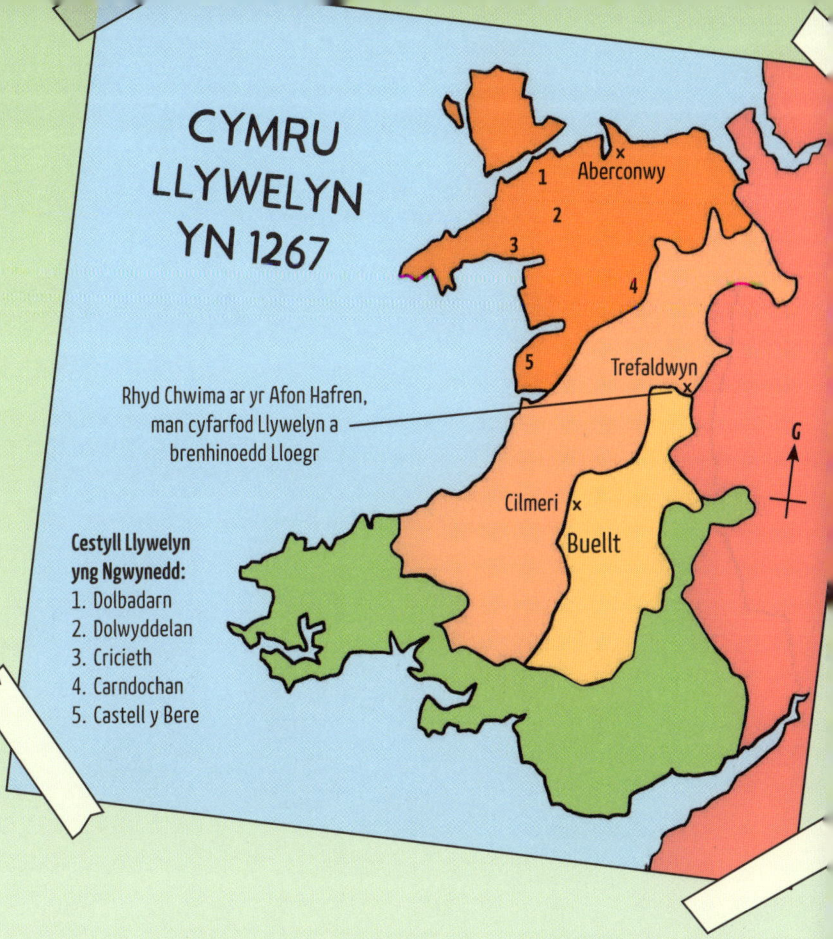

ers tro ac mae Edward wedi cefnu ar y cytundeb. I feddwl 'mod i wedi hoffi'r dyn, pan gwrddais i ag o gyntaf ar lan Rhyd Chwima ger Castell Trefaldwyn. Yno mi blygais fy nglin o flaen ei dad, ond wna i ddim plygu o flaen Edward. Mae am gipio fy ngwlad. Mae'n ei brathu fel blaidd. Mae'n codi cestyll ar dir Cymru. Mae'n rhoi lloches i 'ngelynion. Mae'n troi fy nghyd-Gymry yn fy erbyn. Mae wedi fy ngyrru'n ôl i'r mynyddoedd.

Dro ar ôl tro, dwi wedi gwrthod plygu o'i flaen. Ac ar y dydd hwn ym mis Tachwedd 1282, dwi am wrthod ei gynnig. Wna i ddim byw mewn gwlad lle mae'r gyfraith a'r iaith yn estron.

Na! Mi frwydraf ymlaen.

Cerflun o Lywelyn yn Neuadd y Ddinas, Caerdydd, gan Henry Alfred Pegram, 1913

I’r Gad

Yn y Canol Oesoedd roedd tywysogion a brenhinoedd yn gyfarwydd ag ymladd. I ennill parch a chefnogaeth roedd raid i Lywelyn brofi mai fe oedd y dewraf o ryfelwyr. Mewn brwydr, doedd e byth yn cuddio’i hun, meddai’i fardd llys.

Roedd gosgordd y brenin, sef y *teulu*, yn ymladd wrth ei ochr ym mhob brwydr. Yn yr osgordd roedd o leiaf hanner cant o filwyr profiadol ar gefn ceffylau, gan gynnwys llawer o wŷr bonheddig.

Ar gyfer brwydr fawr, byddai’r tywysog yn galw dynion o bob rhan o’i deyrnas. Y milwyr hyn oedd y *llu*.

Byddai’r *teulu*’n gwisgo lledr cwiltiog i’w hamddiffyn. Doedd pawb ddim yn gwisgo metel, gan fod metel yn brin. Mae’n bosib bod y milwyr tlotaf yn ymladd heb arfwisg o gwbl.

Y waywffon oedd prif arf milwyr Cymru. Roedden nhw’n rhuthro at y gelyn â’u gwaywffyn yn eu dwylo, neu’n eu taflu o bell. Byddai marchogion yn eu cario dan un fraich. Coes bren – pren onnen, er enghraifft – oedd gan y waywffon. Roedd digon o bren ar gael a doedd dim angen llawer o fetel i ffurfio’r blaen.

Mae’n debyg bod yn well gan ddynion y De fwa a saeth. Gallai saeth drywanu arfwisg ysgafn, os dôi’r gelyn yn ddigon agos.

Yn ogystal â miloedd o filwyr, byddai Edward yn dod â chloddwyr, torwyr coed a seiri gydag e. Roedd y torwyr coed yn clirio llwybr drwy'r wlad, er mwyn i'r fyddin enfawr allu symud yn hawdd. Roedd y cloddwyr yn codi amddiffynfeydd.

Roedd Edward, brenin Lloegr, hefyd yn rheoli rhan o Ffrainc, sef Gasgwyn. Pan ymladdodd ei frwydr olaf yn erbyn Llywelyn, roedd 210 marchog a 1,430 o saethwyr bwa croes o Gasgwyn yn ymladd wrth ei ochr. Câi'r saethwyr dâl o 3 ceiniog y dydd, tua dwywaith yn fwy na'r Saeson a'r Cymry. Câi'r marchogion 18 ceiniog.

Ym mis Tachwedd 1282 dyfeisiodd Edward gynllun i gornelu Llywelyn yn ei gadarnle yng Ngwynedd. Tra oedd prif fyddin y Saeson yn nesáu o'r dwyrain, roedd milwyr eraill yn paratoi i ymosod o Fôn yn y gorllewin. Adeiladodd seiri Edward gyfres o rafftiau, er mwyn i'w filwyr allu croesi Afon Menai. Ond roedd y Cymry'n disgwyl amdanyn nhw ac, wrth geisio dianc, boddodd llawer o'r Saeson. Roedd y trap wedi methu, a Llywelyn ap Gruffudd yn barod am un frwydr olaf.

Arweiniodd Llywelyn ei ddynion i ardal Buellt yng nghanolbarth Cymru, gan obeithio ennill cefnogaeth. Ond roedd byddin o Saeson o'r gororau yn aros amdano. Trechwyd y Cymry a bu farw Llywelyn 'Ein Llyw Olaf' (sef Tywysog brodorol olaf Cymru cyn i'r Saeson orchfygu'r wlad) ar 11 Rhagfyr 1282. Saif ei gofeb, darn o wenithfaen o fynyddoedd Gwynedd, ym mhentref Cilmeri.

Harri Tudur

BRENIN LLOEGR, GOBAITH CYMRU

1457 — Geni Harri Tudur yng Nghastell Penfro.

1471 — Harri yn alltud yn Llydaw.

1485 — Harri'n dod yn Frenin Harri VII ar ôl trechu Richard III yn Bosworth.

1509 — Harri'n marw. Ei fab, Harri VIII, yw'r brenin.

1536 — Cymru'n cael ei gwneud yn rhan o Loegr.

1588 — Cyhoeddi'r Beibl yn Gymraeg yn ystod teyrnasiad Elizabeth I.

1603 — Marwolaeth Elizabeth I, yr olaf o'r Tuduriaid.

Bore 'ma, deffrais yn sydyn i sŵn lleisiau'n sibrwd dan fy ffenest.

'Harri. Harri Tudur...'

Wythnos yn ôl byddwn i wedi neidio o'r gwely a gafael yn fy nghleddyf. Ond heddiw, yn lle gwylltio, gwenais yn fodlon.

'Harri. Harri Tudur.'

Dyna fy enw yng Nghymru, ond nid dyna fy enw go iawn. Henry Tudor ydw i, aelod o Dŷ Brenhinol Lancaster. Cyn bo hir bydda i'n frenin.

Saith diwrnod yn ôl glaniais yn Dale yn ne-orllewin Cymru, gyda byddin fawr o filwyr Ffrengig a chefnogwyr. Ro'n i wedi bod yn alltud yn Llydaw am un deg a phedair o flynyddoedd – hanner fy oes – o achos y teulu York, sy wedi dwyn gorsedd Prydain. Mae'r cnaf yna, Richard III, wedi dwyn oddi ar ei nai hyd yn oed. Yn bendant, does gan hwnnw ddim hawl i fod yn frenin.

Serch hynny, ro'n i ar bigau'r drain wrth lanio ar dir Cymru. A fyddai'r Cymry'n fy nghefnogi? Fydden nhw'n ymladd dros Lancaster neu York, dros y rhosyn coch neu'r gwyn?

Doedd dim rhaid i mi boeni. Ers i mi lanio, dwi wedi teithio

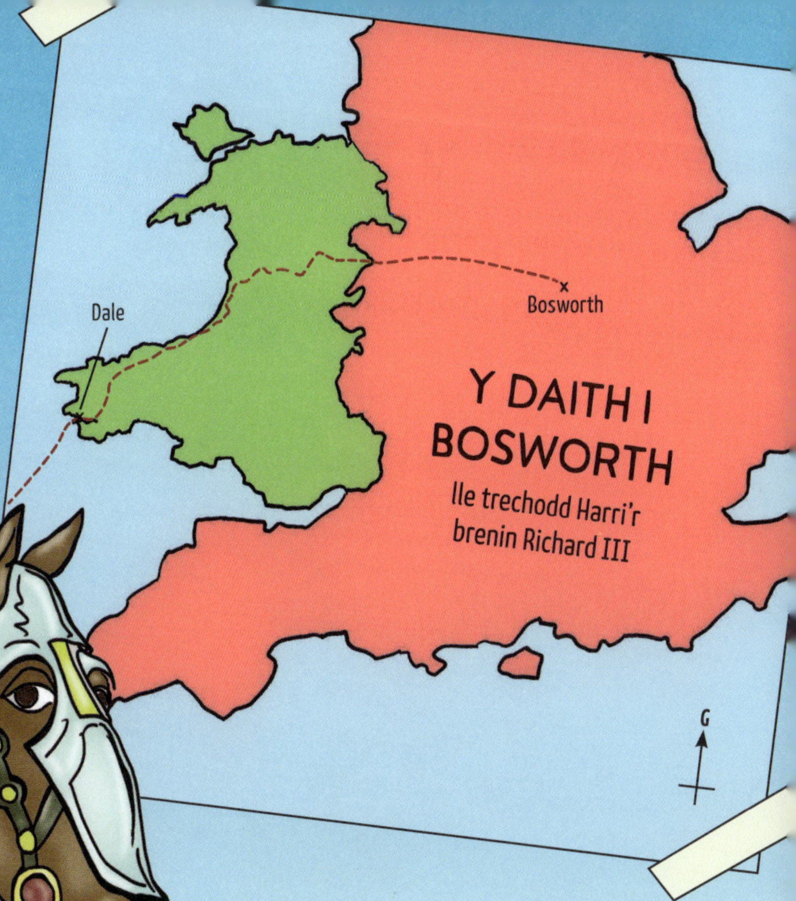

i'r gogledd ar hyd yr arfordir, ac wedi cael croeso cynnes iawn gan y bobl bron i gyd. Ac weithiau dwi'n eu gweld yn syllu arna i mewn cyffro, fel petawn i eisoes yn frenin.

Soniais am hyn wrth fy ewyrth, Siasbar Tudur. Gwenodd hwnnw a dweud, 'Rwyt ti yn frenin yn eu barn nhw. Cofia, rwyt ti'n perthyn ar ochr dy dad i deulu Cymreig o fri, sef Tuduriaid Môn. Mae'r Cymry wedi dioddef dan law'r Saeson ac yn ddinasyddion eilradd yn eu gwlad eu hunain. Maen nhw'n dyheu am arweinydd fydd yn gwneud iddyn nhw deimlo'n falch unwaith eto. Bydd llawer yn barod i ymladd drostot ti.'

Byddan. Fe ddilynan nhw fi i Loegr. Gyda'n gilydd fe drechwn ni Richard York. Ac felly dwi'n sefyll wrth y ffenest ac yn syllu i lawr ar eu hwynebau brwd.

'Harri Tudur!' maen nhw'n gweiddi.

'Henry Tudor,' dwi'n ateb, er does neb yn medru clywed. 'Henry Tudor, Brenin Lloegr.'

Y Tuduriaid a Chymru

Roedd beirdd Cymru wedi rhagweld y byddai arwr mawr yn dod, ryw ddydd, i helpu'r Cymry i yrru'u gelynion o'r wlad, a rhoi teyrnas Prydain yn eu dwylo. Credai llawer o Gymry mai Harri oedd yr arwr hwnnw. 'Mae'r wlad yn dyheu am Harri,' meddai'r bardd, Robin Ddu.

Er i Harri VII gynnwys y Ddraig Goch ar ei faner a'i arfbais a rhoi arian tuag at ddathliadau Gŵyl Ddewi yn ei lys, threuliodd e fawr ddim o amser yng Nghymru ar ôl dod yn frenin.

Yn 1536, deddfodd ei fab, Harri VIII, fod Cymru'n rhan o Loegr. Cafodd hyn groeso mawr gan lawer o uchelwyr Cymru. Nawr roedd ganddyn nhw hawl i fod yn Ynadon Heddwch ac Aelodau Seneddol, 'run fath â'u cymdogion Seisnig.

Gwlad Gatholig oedd Lloegr pan ddaeth Harri VIII yn frenin. Cefnodd Harri ar yr Eglwys Gatholig a'i benodi'i hun yn Bennaeth Goruchaf Eglwys Loegr. Caeodd y mynachlogydd a'r abatai. Mae adfeilion yr adeiladau hardd hyn i'w gweld hyd heddiw ar hyd a lled Cymru.

Roedd raid i Gatholigion gyfarfod yn gyfrinachol. Pe bai offeiriad Catholig yn cael ei ddal, gallai golli ei fywyd. I gadw'r offeiriaid yn ddiogel, byddai gan Gatholigion cyfoethog guddfannau yn eu tai. Roedd Nicholas Owen, Cymro a anwyd yn Rhydychen, yn enwog am adeiladu cuddfannau. Yn y diwedd cafodd ei ddal a'i arteithio i farwolaeth yn Nhŵr Llundain.

Lladin oedd iaith yr Eglwys Gatholig. Cyhoeddwyd y Beibl cyntaf yn Saesneg yn ystod teyrnasiad Harri VIII. Pan ddaeth ei ferch, Elizabeth I, i'r orsedd, cyfieithwyd y Beibl i'r Gymraeg gan William Morgan.

Cydymaith agosaf y Frenhines Elizabeth oedd Blanche Parry, a anwyd i deulu Cymreig yn Swydd Henffordd. Bu'n gofalu am Elizabeth fach, ac mae sôn ei bod yn canu hwiangerddi Cymraeg iddi. Pan ddaeth Elizabeth yn frenhines, penodwyd Blanche yn Brif Foneddiges y Siambr Gyfrin. Hi oedd yn penderfynu pwy gâi weld y frenhines. Roedd hi hefyd yn ysgrifennu llythyrau ar ran Elizabeth.

Yn ystod yr 16eg ganrif, dechreuodd pobl ymddiddori mewn pob math o bynciau. Sgolor a chynlluniwr mapiau oedd Humphrey Lhuyd, neu Llwyd, o Ddinbych. Lhuyd greodd y map printiedig cyntaf o Gymru, a gyhoeddwyd yn 1573.

Roedd Elizabeth I yn credu mewn gwrachod. Yn 1562 pasiwyd deddf i gosbi gwrachod. Dri deg mlynedd yn ddiweddarach, Gwen ferch Elis o Landyrnog ger Dinbych oedd y Gymraes gyntaf i gael ei chrogi am fod yn wrach, er mai gwneud eli i wella pobl oedd ei gwaith.

Un o gynghorwyr Elizabeth oedd John Dee. Roedd yn seryddwr a mathemategydd a hefyd yn astudio dewiniaeth. Dôi ei deulu o Byllalai, Sir Faesyfed. Byddai'n gyrru llythyrau dirgel at Elizabeth gydag arwydd i ddangos mai llythyrau 'i'w llygaid hi yn unig' oedden nhw. Yr arwydd oedd dwy O yn cysgodi dan 7 hir.

Lucy Thomas, perchennog glofa

TYFIANT CAERDYDD

- 1801 ····· Dim ond 1,870 yw poblogaeth Caerdydd.
- 1839 ····· Codi doc enfawr ar aber afon Taf.
- 1841 ····· Rheilffordd Dyffryn Taf yn cysylltu Caerdydd â'r diwydiannau glo a haearn ym Merthyr.
- 1881 ····· Caerdydd yw'r dref fwyaf yng Nghymru.
- 1890au ····· Caerdydd yw'r porthladd pwysicaf yn y byd am allforio glo.
- 1905 ····· Caerdydd yn ennill statws dinas.
- 1955 ····· Caerdydd yw prifddinas Cymru.

'Mae Llundain eisiau'n glo!'

Dwi'n cofio'r diwrnod hwnnw'n glir. 1830 oedd hi, a Robert wedi rhedeg adre i ddweud wrtha i.

'Mae'r masnachwyr yn Llundain yn dweud mai'n glo ni yw'r gorau!' gwaeddodd wrth ruthro drwy'r drws. 'Maen nhw eisiau rhagor.' Robert annwyl! 'Sdim rhyfedd ei fod wedi gwylltio'n lân. Dim ond chwe mlynedd oedd wedi mynd heibio ers iddo rentu darn o dir yn Waun Wyllt, Abercannaid, ger Merthyr a dechrau cloddio am lo. Doedd ganddo ddim syniad beth oedd o dan y pridd. Rhyw hen lo gwael neu dim glo o gwbl, falle? Ond roedd Robert, fy ngŵr, yn lwcus. Fe drawodd wythïen o lo ager gwych.

Roedd yr Iarll Plymouth, perchennog ein tir, yn gwrthod gadael i ni werthu'r glo i'w waith haearn. Felly, fe werthon ni'r glo i bobl Merthyr, neu ei yrru i Gaerdydd ar hyd Camlas Morgannwg. Yna un diwrnod – un diwrnod bythgofiadwy – gyrrodd ein hasiant, George Insole, lwyth i Lundain. Ers hynny mae'n glo ni wedi teithio i bedwar ban byd. Os edrychwch chi tua'r môr, fe welwch agerlongau'n pwffian dros y tonnau. Glo Cymru sy'n eu gyrru. Dyna'r glo ager gorau. Mae wedi gwneud Cymru'n enwog. Mae wedi gwneud Caerdydd yn enwog.

Wnaeth Robert druan ddim byw'n hir iawn ar ôl i'r llwyth cyntaf yna gyrraedd Lundain. Ers hynny, fi sy wedi bod yng ngofal y busnes, gyda help ein mab, William. Byddai Robert mor falch ohona i. Byddai'n methu credu pa mor gyfoethog ydyn ni nawr.

Wrth gwrs, mae dynion eraill yn fwy hen ffasiwn na Robert. Allan nhw ddim dioddef gweld menyw'n rhedeg busnes. Maen nhw wedi trio cau'r drws arna i, ond dwi wedi dweud yn blwmp ac yn blaen, 'Mae fy nglo i llawn cystal â'ch glo chi'r dynion.'

Ac mae hynny'n wir bob gair.

Pwy yw Mam y busnes glo ager yma yng Nghymru?

Fi, Lucy Thomas!

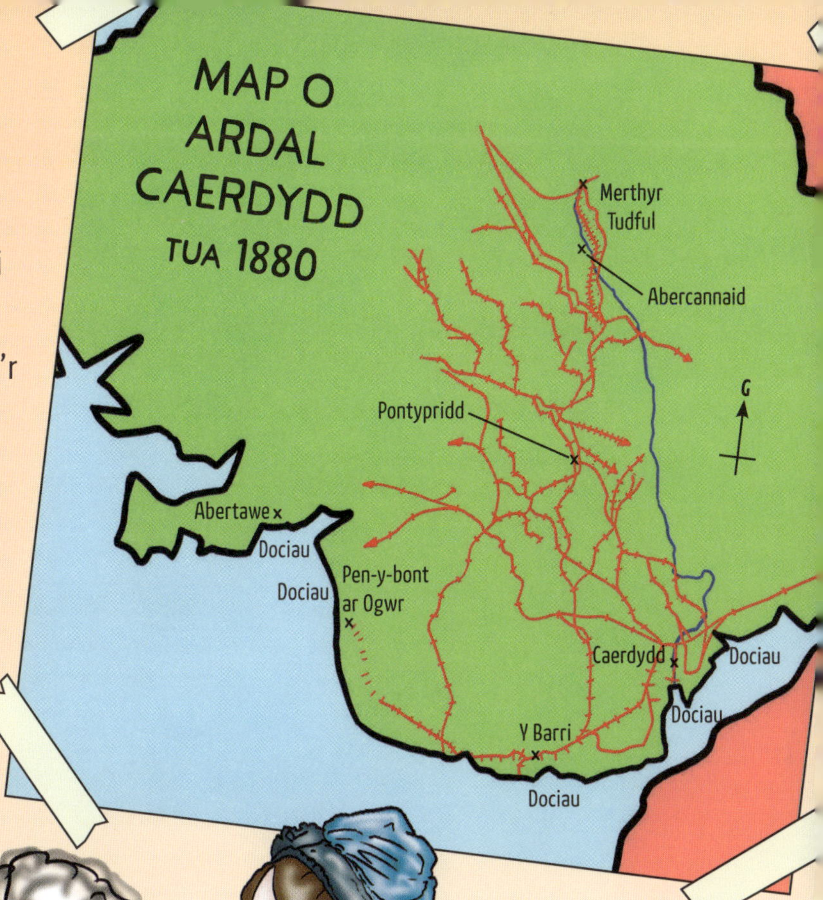

Cymru a'r Môr

Mae arfordir Cymru'n mesur 1,680 milltir (2,700km). Cyn dyfodiad y rheilffyrdd yn y 19eg ganrif, roedd llawer o nwyddau'n cyrraedd ar longau. Yng nghyfnod y Rhufeiniaid roedd llongau'n hwylio o Fôr y Canoldir, gan gludo gwin, olew a llestri i geiri Rhufeinig fel Isca (Caerllion) a hefyd Caerfyrddin, lle bydden nhw'n hwylio ar hyd y Tywi.

Pan goncrodd Edward I Gymru, adeiladodd lawer o'i gestyll ar hyd yr arfordir, o fewn cyrraedd i'r llongau nwyddau. Erbyn y 19eg ganrif roedd tref Caernarfon, a ddatblygodd o gwmpas y castell, yn borthladd pwysig oedd yn allforio llechfaen o'r chwareli cyfagos i Ewrop a'r Unol Daleithiau.

Haearn, ac yn enwedig glo, greodd borthladd Caerdydd. Ar ei anterth roedd ei gyfres o ddociau'n un o'r mwyaf yn y byd. Roedd y Gyfnewidfa Lo, adeilad crand ger y dociau, yn ganolfan y fasnach lo fyd-eang, lle trawyd y fargen gyntaf gwerth miliwn o bunnau. Daeth Harald Dahl o Norwy i Gaerdydd i weithio yn y fasnach longau, a ganwyd ei fab yno, sef yr awdur Roald Dahl.

Tyfodd porthladd Caergybi, Ynys Môn, nid oherwydd masnach, ond am mai hwn oedd y porthladd agosaf at Ddulyn. Am 60 mlynedd, byddai llythyrau ar gyfer Iwerddon yn cael eu cludo i Gaergybi ar y goets fawr. O 1848 ymlaen câi'r llythyrau eu cludo ar drên o'r enw *Irish Mail*.

Adeg rhyfel, roedd yn bwysig amddiffyn ein harfordir rhag y gelyn. Yn 1797, yn fuan ar ôl y Chwyldro Ffrengig, glaniodd 1,400 o filwyr Ffrainc yn Sir Benfro. Dan arweiniad Jemeima Niclas, martsiodd criw o fenywod drwy Abergwaun. Yn eu siolau coch a'u hetiau uchel, roedden nhw'n edrych, o bell, fel milwyr. Dychrynodd y Ffrancod a dianc. Dyna'r tro diwethaf i filwyr y gelyn lanio ar dir Prydain, yng Nghymru, Lloegr neu'r Alban.

Ar hyd yr arfordir roedd iardiau llongau, bach a mawr, yn adeiladu llongau pren – slŵp a sgwner, badlong a brig. Roedd Pwllheli'n ganolfan bwysig iawn, a'i sgwneri o safon uchel. Yn anffodus mae hanes annifyr i rai o'i llongau. Câi'r rhain eu defnyddio i gludo caethweision o Affrica i America. Yn 1801, nododd ymwelydd i'r dref ei fod wedi gweld llong â lle i 600 caethwas.

Roedd llawer o ddynion ifainc yn mynd yn llongwyr, a rhai merched hefyd. Mynnodd Sarah Jane Rees, neu 'Cranogwen', o Langrannog, fynd i'r môr gyda'i thad. Pasiodd arholiad i fod yn gapten llong a dysgodd sgiliau mordwyaeth i longwyr. Mae cerflun yn Llangrannog yn coffáu ei bywyd rhyfeddol. Yng Nghaernarfon, roedd gan Ellen Edwards o Amlwch ysgol fordwyaeth ardderchog, lle dysgodd dros fil o longwyr o'r 1830au ymlaen.

Mae gan Ddoc Penfro hanes amrywiol a chyffrous. Rhwng 1814 a 1926, adeiladwyd dros 260 o longau'r Llynges Frenhinol yno. Yn ystod yr Ail Ryfel Byd, Doc Penfro oedd lleoliad gorsaf awyrennau môr milwrol fwya'r byd. Nawr mae wedi dod yn 'borthladd adnewyddu', canolfan arbennig ar gyfer prosiectau ynni gwynt, ton a llanw.

Cymru a'r Byd

TRE-BIWT A 'TIGER BAY'

- 1890 — Morwyr Somali'n adeiladu'r mosg cyntaf yng Nghymru yn Nhre-biwt.
- 1914–1918 — Y Rhyfel Byd Cyntaf
- 1919 — Terfysgoedd Tre-biwt. Mae ffrwgwd rhwng milwyr gwyn yn dod adre o'r Rhyfel a dynion lleol o leiafrifoedd ethnig yn datblygu'n derfysg tri-diwrnod. Mae ymosodiadau chwyrn ar deuluoedd Du ac o gefndir cymysg, ac adeiladau ar Stryd Biwt yn cael eu dinistrio.
- 1926 — Y Bombay Café yn agor yn Nhre-biwt – y bwyty Indiaidd cyntaf yng Nghymru.
- 1937 — Geni Patti Flynn
- 1939–45 — Yr Ail Ryfel Byd
- 1948 — Y llong HMT *Empire Windrush* yn cyrraedd y Deyrnas Unedig.
- 1960au — Carnifal Tre-biwt yn mynd o nerth i nerth.
- 1993 — Dadorchuddio cerflun 'Pobl fel Ni' ym Mae Caerdydd.
- 2023 — Dadorchuddio cerflun *Codebreakers*.
- 2024 — Cenhedlaeth Windrush yng Nghymru yn gwneud ffilm o'r enw *Windrush Cymru* sy'n sôn am eu profiadau.

'RHAG I NI ANGHOFIO' PATTI FLYNN 1937–2020

'Rhag i ni anghofio.' Dyna beth mae pawb yn ei ddweud wrth wisgo'r pabi ym mis Tachwedd. Ond ro'n i'n teimlo eu bod nhw wedi anghofio am rai o'r dynion a'r menywod a ymladdodd dros eu gwlad. Collais i fy nhad, Wilmot, a 'mrawd, Jocelyn, yn y rhyfel. Morwyr ar longau masnach oedd y ddau. Wedyn lladdwyd fy mrawd hŷn, Sarjant Arthur Young, mewn cyrch bomio yn 1944. Roedd e yn y Llu Awyr. Unwaith roedden ni'n deulu o wyth. Nawr dim

ond pump oedd ar ôl. Ro'n i eisiau gofalu na fyddai pobl o liw yn cael eu "hanghofio", felly lansiais ymgyrch i godi cofeb.

Yn 2019 dadorchuddiwyd plac yng Nghofeb Ryfel Genedlaethol Cymru yng Nghaerdydd yn arbennig i gofio am aberth dynion a menywod o liw o wledydd y Gymanwlad. Roedd fy nhad o Jamaica a Mam o Gymru. Byddai'r ddau wedi bod yn falch iawn ohona i.

Dwi wastad wedi amddiffyn pobl sy'n cael cam. Roedd hanes pobl Ddu'n cael ei anwybyddu, felly fe fues i'n ymgyrchu i wneud yn siŵr ei fod yn cael ei gynnwys ar y cwricwlwm ysgol, er mwyn i bob plentyn wybod sut mae pobl Ddu wedi cyfrannu i fywyd Cymru.

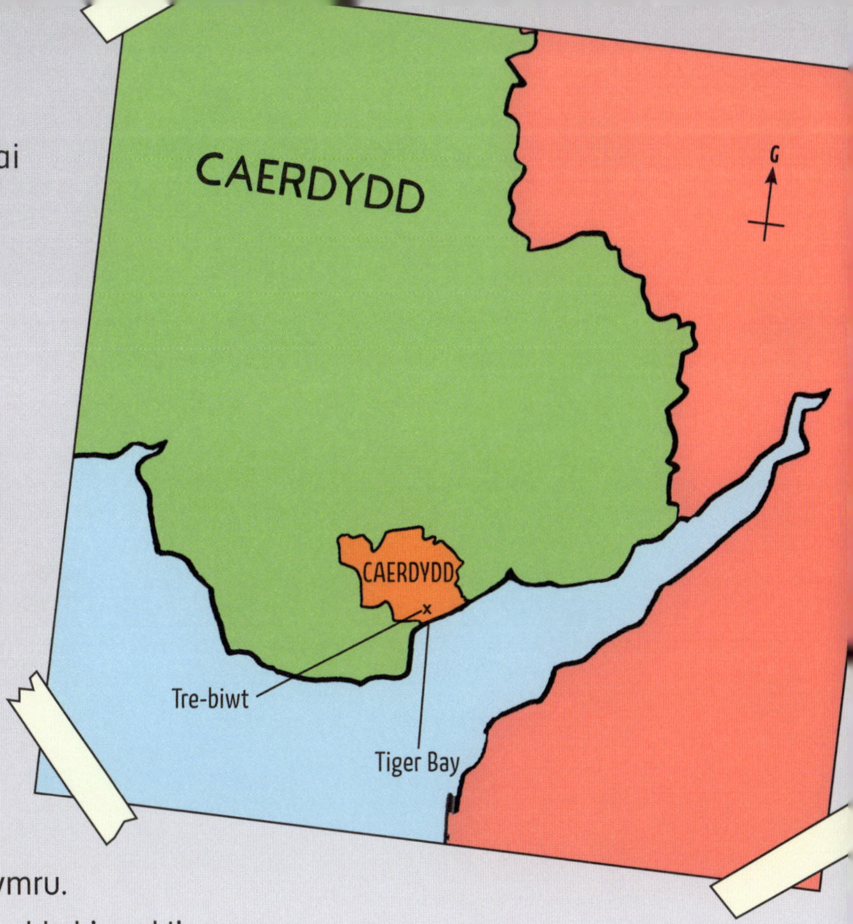

Byddech chi'n meddwl 'mod i'n wleidydd, ond dwi ddim. Cantores ydw i! Ces i fy magu yn Tiger Bay, lle roedd miwsig o bob cwr o'r byd yn ail iaith i ni. Dyna sut syrthiais i mewn cariad â jazz a pherfformio. Roedden ni'n arfer gwrando ar y cantorion jazz Du o America, pobl wych fel Ella Fitzgerald a Sarah Vaughan, a phawb eisiau camu ar lwyfan fel nhw, i ddisgleirio fel sêr a chanu'n gorau glas. 'Butetown Bay Divas' oedd yr enw ddewisais i ar ein cyfer! Dysgais i bopeth gan Vic Parker, ein hyfforddwr yn y Rainbow Club. Am ddyn anhygoel! Canais i gynulleidfaoedd ar draws y Deyrnas Unedig – hyd yn oed yn theatrau'r West End yn Llundain – a helpais i sefydlu gŵyl jazz yng Nghymru. Pwy feddyliai fod y filltir sgwâr hon o Tiger Bay wedi gallu cynhyrchu cymaint o gantorion, chwaraewyr, milwyr, llongwyr, artistiaid ac awduron gwych!

Tiger Bay

Roedd 'Tiger Bay', sef Bae Caerdydd erbyn hyn, yn gartref i un o'r cymunedau amlddiwylliannol hynaf yn Ewrop. Daeth pobl o dros 50 gwlad i fyw yno, gan gynnwys Somalia, Yemen, Gwlad Groeg, Malta, yr Eidal, Sbaen a Norwy. Mae'r cerflun 'Pobl fel Ni' ym Mae Caerdydd yn dathlu'r hanes arbennig hwn.

Yn ystod yr Ail Ryfel Byd dioddefodd y dociau a Tiger Bay yn arw wrth i fomiau ddisgyn ar yr ardal yn ystod Blitz Caerdydd. Ar ôl y rhyfel, roedd galw mawr am weithwyr i helpu i ailadeiladu Prydain, felly gwahoddodd y llywodraeth bobl i ddod draw o'r Caribî. Cyrhaeddon nhw ddociau Tilbury, Llundain, ar longau fel yr HMT *Empire Windrush*. Dyna pam maen nhw'n cael eu galw'n 'genhedlaeth Windrush'. Cafodd y mwyafrif o'r gweithwyr hyn eu trin yn wael a chafodd llawer eu gwawdio'n hiliol. Daeth rhai i Gymru i fyw ac maen nhw'n dal yma.

Pobl y Caribî ddaeth â charnifal Mardi Gras i'r ardal hon. Mae'r carnifal yn dal i fynd. Ym mis Awst mae Parêd Gŵyl y Banc yn dod â'r gymuned at ei gilydd i ddathlu'i gorffennol, ei gwydnwch a'i llwyddiant. Mae torfeydd enfawr yn tyrru yno yn eu gwisgoedd amryliw i fwynhau miwsig, bwyd a dawns.

Cerflun efydd ym Mae Caerdydd i anrhydeddu'r chwaraewyr rygbi nodedig Syr Billy Boston, Clive Sullivan, a Gus Risman.

Mae llawer o chwaraewyr Du, yn ddynion a menywod, wedi dod o Dre-biwt. Yn rhy aml o lawer roedd raid iddyn nhw wynebu rhagfarn a chael eu gwrthod gan glybiau chwaraeon yng Nghymru, er gwaetha'u dawn. Roedd raid i dri dyn – Billy Boston, Clive Sullivan a Gus Risman – adael Cymru a mynd i ennill eu bywoliaeth yn Lloegr, fel sêr rygbi'r gynghrair. Saif cerflun ohonyn nhw, 'Codebreakers', yn eu tref enedigol. Dyna'r cerflun cyntaf o ddynion Du yng Nghymru.

Sefydlwyd y Rainbow Club yng nghanol Tiger Bay fel canolfan gweithgareddau diwylliannol a lle i ddatblygu doniau'r plant lleol, gan gynnwys Shirley Bassey. Chwaraeodd y gitarydd jazz enwog, Vic Parker, ran bwysig yn y clwb.

Yn ara' bach mae'r hen Tiger Bay wedi cael ei ddymchwel i wneud lle i dai newydd, clybiau, tai bwyta ac adeiladau'r llywodraeth. Mae'r rhannau sy'n dal i sefyll yn dlawd iawn gyda'r gyfradd uchaf o dlodi plant yng Nghaerdydd. Mae llawer yn siomedig fod eu hanes, eu cynefin* a'u cymuned wedi dioddef o esgeulustod ac anfantais. Ac eto mae Tre-biwt gyda'i chymysgedd o bobloedd, diwylliannau a chrefyddau, yn dal yn gymuned amlddiwylliannol gref a bywiog.

* Mae cynefin yn golygu teimlad o berthynas, a chysylltiad â lle a'r bobl yno.

JOHN CHARLES

CAWR PÊL-DROED CYMRU

- 1864 — Wrecsam yw clwb pêl-droed cyntaf Cymru.
- 1876 — Ffurfio Cymdeithas Bêl-droed Cymru (CBDC) yn Wrecsam.
- 1877 — Y gêm ryngwladol gyntaf yng Nghymru, yn Wrecsam.
- 1894 — Y gêm ryngwladol gyntaf yn y de, yn Abertawe.
- 1927 — Caerdydd yn ennill Cwpan FA.
- 1958 — Cymru'n cyrraedd rownd wyth olaf Cwpan y Byd.
- 1993 — CBDC yn cydnabod Tîm Pêl-droed Merched Cymru.
- 2016 — Tîm y dynion yn cyrraedd rownd gynderfynol Cwpan Ewrop.

John Charles ydw i. Ie, dim ond John Charles. Dwi'n gwybod bod rhai'n fy ngalw'n 'King John', ond fues i erioed yn frenin, dim ond bachgen cyffredin o Abertawe oedd yn dwlu ar bêl-droed.

Yn 1946, pan o'n i'n 14 oed, ces wahoddiad i ymuno â thîm pêl-droed Abertawe fel prentis. Ro'n i'n gorfod chwynnu'r cae, brwsio'r standiau a glanhau'r stafelloedd gwisgo, ond dim ots. Ro'n i wrth fy modd yn helpu'r chwaraewyr. Nhw oedd fy arwyr.

Bachgen bach main o'n i bryd hynny. Un diwrnod, pan o'n i'n chwarae i dîm ieuenctid lleol, daeth sgowt o Leeds United i wylio'r gêm, ac erbyn o'n i'n 17 oed, ro'n i'n chwarae i Leeds.

Dyna lle dechreuais i chwarae go iawn. Yn Leeds, dysgais sut i ymosod ac amddiffyn a sut i sgorio goliau. Wyth mlynedd yn ddiweddarach, gwerthodd Leeds fi i Juventus yn Torino yn yr Eidal am ffi fawr, y ffi fwyaf erioed am chwaraewr Prydeinig ar y pryd.

Roedd ffans Juventus yn anhygoel. Mor frwdfrydig! Nhw ddechreuodd fy ngalw'n 'Brenin John', 'Tywysog Cymru', a hyd yn oed 'Y Cawr Addfwyn'. Ro'n i'n amlwg

John Charles

wedi tyfu ers gadael Abertawe! Er mwyn y ffans, dwi mor falch 'mod i wedi helpu Juventus i ennill tair pencampwriaeth a dau gwpan.

Ond fe gollais i un cwpan pwysig iawn. 1958 oedd y flwyddyn. Roedd Cymru wedi cyrraedd rowndiau terfynol Cwpan y Byd am y tro cyntaf erioed, a rywsut dyma ni'n llwyddo i fynd drwodd i rownd yr wyth olaf yn erbyn Brasil.

Allwn i ddim aros i chwarae'n erbyn Brasil! A beth ddigwyddodd? Ces fy anafu cyn y gêm a methu gwella mewn pryd.

Collodd Cymru 1-0.

Aeth Brasil yn eu blaen i ennill y Cwpan a daeth y chwaraewr 17 oed, a sgoriodd yn erbyn Cymru, yn fyd-enwog. Ei enw oedd Pelé.

Wel, fel 'na mae. Allwch chi ddim ennill pob gêm.

Ond mae 'na wastad gêm arall.

Felly, chi fechgyn a merched sy'n dwlu ar bêl-droed, daliwch ati i ymarfer, gobeithio a breuddwydio...

'CYMRUUUU!'

Hanes Pêl-droed Cymru

Flynyddoedd yn ôl byddai dynion yng ngorllewin Cymru yn chwarae gêm o'r enw cnapan. Pêl fach lithrig, wedi'i gwneud o bren, oedd y 'cnapan'. Câi'r bêl ei gollwng hanner ffordd rhwng dau bentref, a'r enillwyr oedd y tîm cyntaf i gael y bêl yn ôl i gyntedd eu heglwys.

Dechreuodd y gêm bêl-droed fodern yn ysgolion bonedd Lloegr. Ymhen amser lledodd i drefi diwydiannol canolbarth a gogledd Lloegr a'r Alban, ac oddi yno i ogledd-ddwyrain Cymru. Wrecsam, a sefydlwyd yn 1864, oedd tîm pêl-droed cyntaf Cymru.

Mae Wrecsam yn chwarae ar y Cae Ras, y maes rhyngwladol hynaf yn y byd sy'n dal i gael ei ddefnyddio i'r pwrpas hwnnw. Byddai ceffylau'n rasio arno unwaith. Yn 2011, roedd Clwb Pêl-droed Wrecsam mewn trafferthion ariannol ac mewn perygl o ddod i ben. Llwyddodd ei gefnogwyr selog i gasglu £100,000 mewn saith awr a'i achub. Ers hynny mae dau actor o Hollywood wedi'i brynu, ac mae'r clwb ei hun wedi dod yn seren y sgrin.

Sefydlwyd Cymdeithas Bêl-droed Cymru yn Wrecsam yn 1876. Chwaraeodd Cymru eu gêm ryngwladol gyntaf yn Glasgow yn yr un flwyddyn. Dododd Llewelyn Kenrick, cyfreithiwr o Riwabon, hysbyseb mewn cylchgrawn yn apelio am 'foneddigion oedd yn awyddus i chwarae' dros Gymru. Fe'i hun oedd y capten ac roedd un o'r blaenwyr yn Albanwr!

Y chwaraewr Du cyntaf i gynrychioli Cymru oedd Eddie Parris o Gas-gwent. Chwaraeodd yn erbyn Gogledd Iwerddon yn 1931.

Yn 1958 cyrhaeddodd Cymru rownd wyth olaf Cwpan y Byd. Un o aelodau'r tîm oedd John Charles. Roedd John Charles yn un o chwaraewyr enwoca'r byd ar y pryd. Roedd e hefyd yn chwaraewr na chafodd erioed gerdyn gan reffarî, heb sôn am gael ei yrru o'r cae. Does ryfedd fod y ffans yn ei alw'n 'Gawr Addfwyn'.

Ym mis Awst 2011, roedd Cymru'n 117fed ar y rhestr o dimau gorau'r byd. O fewn ychydig fisoedd, dan eu rheolwr, Gary Speed, fe gyrhaeddon nhw safle 45. Daliodd y tîm ati i wella, diolch, i raddau, i'r newidiadau gyflwynodd Speed, ac ym mis Hydref 2015 roedden nhw'n 8fed, eu safle uchaf erioed. Flwyddyn yn ddiweddarach, cyrhaeddon nhw rownd gynderfynol Cwpan Ewrop. Yn 2022, dan eu rheolwr Rob Page, chwaraeodd Cymru yng Nghwpan y Byd am yr eildro. Eu capten oedd Gareth Bale, seren y byd pêl-droed a'r chwaraewr sy wedi sgorio fwyaf o goliau dros Gymru.

Roed pêl-droed i ferched yn boblogaidd iawn ar ddechrau'r 1900au. Roedd mor boblogaidd, nes i'r Gymdeithas Bêl-droed (FA), o 1921 hyd at 1970, wahardd merched rhag defnyddio'i meysydd chwarae.

Ffurfiwyd Tîm Pêl-droed Merched Cymru'n swyddogol yn 1993, diolch i ymdrechion Laura McAllister, Karen Jones a Michele Adams a lwyddodd i berswadio CBDC i'w cefnogi. Yn 2024, Jess Fishlock oedd y pêl-droediwr cyntaf yng Nghymru i ennill 150 cap dros ei gwlad.

MERCHED MEWN HANES

MERCHED AFFRICANAIDD YNG NGHYMRU

- 1884 — Y Parchedig William Hughes yn dod â dau fachgen bach, Nkanza a Kinkasa, o'r Congo i Fae Colwyn.
- 1891 — Cychwyn Sefydliad y Congo.
- 1897 — Lulu'n cyrraedd Bae Colwyn.
- 1912 — Y Sefydliad yn cau.
- 1964 — Lulu Coote yn marw.

Dydw i ddim yn arwres. Dydw i ddim yn hanes hyd yn oed. Merch gyffredin ydw i mewn stori anghyffredin.

Fy enw ydy Lulu. Dwi'n 10 oed. Dwi'n sgrifennu'r dyddiad, 1900, ar ben y dudalen yn fy llyfr ysgol. Mae'r stafell ysgol yn 'Tŷ'r Congo' ym Mae Colwyn. 'Y Congo' mae pobl y dref yn ei alw, ond coleg i fechgyn ydy hwn go iawn, a hefyd dwy ferch erbyn hyn: fi ac Ernestina. 'Y Sefydliad Affricanaidd' ydy enw'r lle i ni. Pam ydyn ni wedi dod o Affrica i'r dref fach hon?

Y Parchedig William Hughes ydy'r arwr a roddodd yr anrheg werthfawr o addysg i ni. Treuliodd o sawl blwyddyn yn cenhadu yn y Congo, ond, fel llawer o genhadwyr, roedd o'n dal clefydau Affricanaidd ac yn aml yn sâl. Felly, yn lle mynd yno i bregethu, penderfynodd hyfforddi Affricaniaid yma yng Nghymru. I ddechrau, daeth â dau fachgen draw, Nkanza a Kinkasa. Ymhen amser bydden nhw'n mynd yn ôl adre i Affrica i ddysgu'r bobl yno am Gristnogaeth. Perffaith! Ni'n dod yma yn lle'i fod o'n mynd draw. Gwneud pethau o chwith.

Rydyn ni'n cael gwersi yn y bore, ac yn y prynhawn rydyn

ni'n dysgu crefft yn un o'r busnesau lleol. Dwi'n dysgu cymorth cyntaf. Ryw ddiwrnod bydda i'n nyrs. Mae'r bechgyn yn gweithio yn y siop ddillad, yn yr argraffdy, efo'r doctor neu yn rhywle arall. Yn y gaeaf mae'n dannedd yn rhincian a'n bysedd traed yn rhewi, ond mae'r haf yn amser hapus.

Yn y Sefydliad rydyn ni'n cynnal gemau criced (ein bechgyn ni sy fel arfer yn ennill), partïon gardd, darlithiau a ffeiriau sborion. Weithiau mae ymwelwyr pwysig yn dod i'n capel. Unwaith, daeth y Parchedig Mojola Agbebi yr holl ffordd o Affrica a sôn am bwysigrwydd cadw'ch iaith a'ch diwylliant. Roedd pobl y dre'n cytuno. Mae rhai'n syllu'n hir, a rhai'n galw enwau doniol arnon ni, ond mae'r rhan fwya'n ein caru, yn enwedig pan fyddwn ni'n canu yn Gymraeg ac yn sôn am ein gwaith da.

Mae rhai bechgyn wedi marw o glefydau Cymreig, ac wedi cael eu claddu yn Llanelian. Mae hynny'n drist. Ond mae sawl un yn ddoctoriaid erbyn hyn, yn gyfreithwyr, gweinidogion, athrawon neu â swyddi pwysig yn y llywodraeth ar hyd a lled Affrica. Maen nhw'n sêr disglair yn y ffurfafen. Nhw fydd yn y llyfrau hanes, nid fi.

Merched Arloesol o Gymru

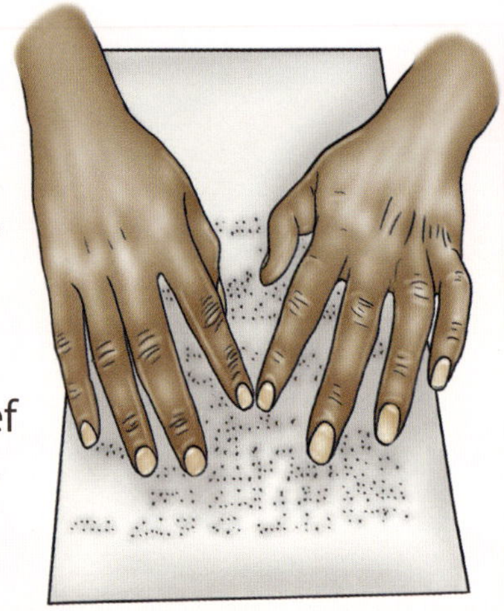

Frances Batty Shand (1815–1885)
Roedd Frances yn ferch i gaethferch, Frances Brown, a'i thad yn Albanwr oedd yn berchen planhigfa yn Jamaica. Pan oedd hi'n oedolyn, symudodd i Gaerdydd a sefydlu gweithdy bach, yn Nhreganna, ar gyfer pobl ddall. Yno roedden nhw'n dysgu *braille* a sgiliau eraill. Ymhen amser, datblygodd y fenter hon i fod yn Sefydliad y Deillion Caerdydd, sef *Sight Life* erbyn hyn, sy'n dal i ddarparu gwasanaethau pwysig i bobl ar draws de Cymru.

Elaine Morgan (1920–2013)
Roedd y ferch hon o Aberpennar yn y Cymoedd yn awdur penigamp a enillodd sawl gwobr am y sgriptiau a ysgrifennodd ar gyfer rhaglenni teledu adnabyddus. Hefyd ysgrifennodd lyfrau gwyddoniaeth arloesol, gan herio syniadau Charles Darwin! Newidiodd Elaine Morgan ein dealltwriaeth o esblygiad, wrth eistedd wrth ei desg.

Boneddiges Rhondda (1883–1958)
Roedd Margaret Haig Thomas, Boneddiges Rhondda, yn swffragét, a frwydrodd dros y bleidlais i ferched. Ar ôl y Rhyfel Byd Cyntaf ymgyrchodd dros roi'r hawl i ferched aros yn y gweithle. Roedd hi o flaen ei hamser, gan ddadlau dros ddeddfau i warchod plant rhag camdriniaeth, deddfau i helpu gweddwon a mamau di-briod, hawliau cyfartal i ferched a chyflog cyfartal, hyd yn oed.

Betty Campbell (1934–2017)
Roedd prifathrawes Ddu gyntaf Cymru'n un o'r rhai fu'n ymgyrchu dros gynnwys hanes Du ar gwricwlwm ysgol. Yn 2021 llywodraeth Cymru oedd y gyntaf ym Mhrydain i fynnu bod pob ysgol yn cyflwyno gwersi ar hanes a phrofiadau pobl Ddu, Asiaidd ac o leiafrifoedd ethnig. Mae cerflun Betty yng Nghaerdydd yn gwneud i ni sylweddoli pa mor bwysig yw gweld pobl Ddu, Asiaidd ac o leiafrifoedd ethnig yn chwarae rhan flaenllaw yn ein cymdeithas.

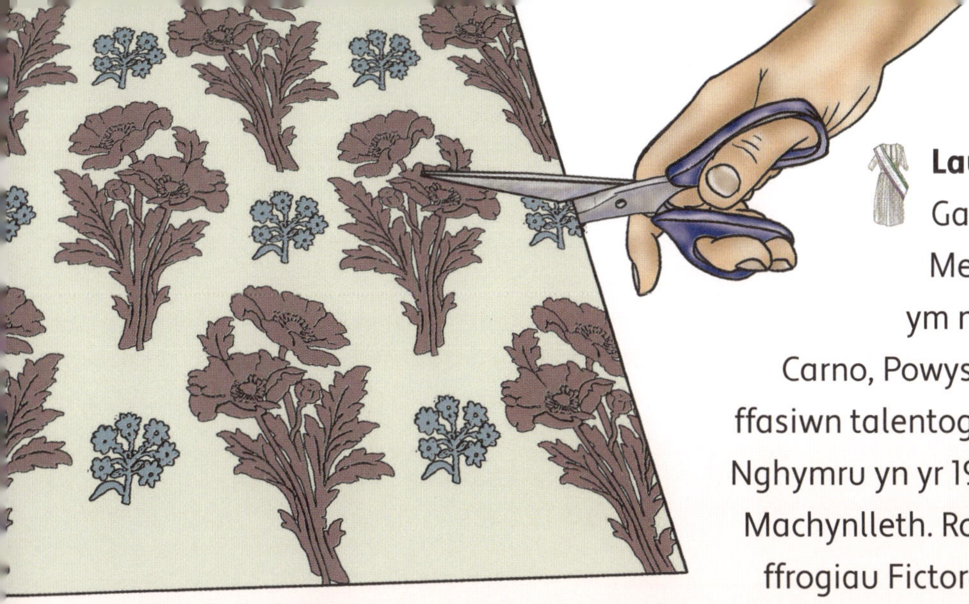

Laura Ashley (1925–1985)
Ganwyd Laura Ashley yn Nowlais ger Merthyr Tudful yn 1925, a chladdwyd hi ym mynwent eglwys Sant Ioan Fedyddiwr, Carno, Powys, yn 1985. Roedd hi'n gynllunydd ffasiwn talentog iawn. Sefydlodd ei busnes yng Nghymru yn yr 1960au gan agor ei siop gyntaf ym Machynlleth. Roedd ei phatrymau o flodau bach a'i ffrogiau Fictoraidd yn llwyddiant mawr.

Megan Lloyd George (1902–1966)
Dychmyga fod dy dad yn Brif Weinidog Prydain! Dysgodd Megan am wleidyddiaeth yn gynnar iawn, a hi oedd y ferch gyntaf yng Nghymru i fod yn aelod seneddol, pan etholwyd hi'n Aelod dros Ynys Môn. Bu'n aelod seneddol am dros 30 mlynedd a, thrwy gydol ei gyrfa, bu'n ymgyrchu dros senedd i Gymru. Byddai wedi bod yn falch iawn i glywed mai Cymru, yn 2003, oedd â'r senedd gyntaf yn y byd i gael nifer cyfartal o ddynion a menywod.

Esme Kirby (1910–1999)
Gofalu am ein hamgylchedd a gwarchod ein coed a'n bywyd gwyllt oedd ffocws gwaith Esme Kirby. Yn 1958 sefydlodd Gymdeithas Parc Cenedlaethol Eryri i wneud yn siŵr bod y mynyddoedd yn cael eu gwarchod ar gyfer y dyfodol, bod llwybrau priodol ar gyfer cerddwyr, a'r wiwer goch a rhywogaethau eraill yn cael eu diogelu.

Betsi Cadwaladr (1789–1860)
Mae pawb wedi clywed am waith Florence Nightingale, ond, yn ystod yr un cyfnod, roedd Betsi Cadwaladr o Lanycil ger y Bala hefyd yn nyrs bwysig fu'n trin milwyr clwyfedig. Roedd hi'n aml yn anwybyddu neu'n plygu rheolau er lles y milwyr. Fel canlyniad, dyfeisiodd ffyrdd clyfar o drin cleifion mewn sefyllfaoedd anodd.

Celf a Diwylliant

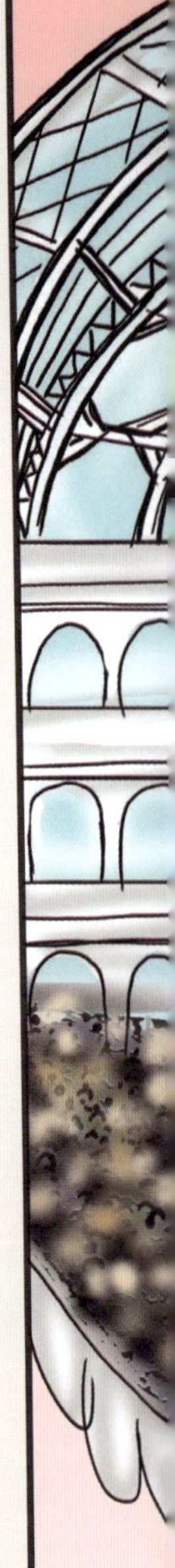

Y CÔR MAWR A GWLAD Y GÂN

1872 — Cyfarfod Cerdd Cenedlaethol yn Crystal Palace. Y Côr Mawr yn ennill Cystadleuaeth Gorawl Crystal Palace.

1873 — Y Côr Mawr yn ennill y cwpan eto. Mae pob aelod yn cael medal.

1874 — Y gystadleuaeth yn dod i ben a'r cwpan yn cael ei roi'n ôl i Gwmni Crystal Palace. Mae'n aros yno am 26 mlynedd.

1972 — Y Cwpan Her hardd yn cael ei roi ar fenthyg parhaol i Amgueddfa Werin Cymru yn Sain Ffagan, lle mae'n dal i gael ei arddangos.

Yn bendant, roedd yn ddiwrnod hanesyddol. Roedd y papurau newydd i gyd yn dathlu ein llwyddiant, a phob un yn fy ngalw wrth fy enw barddol, Caradog, gyda'r geiriau "yr arweinydd talentog Griffith Rhys Jones o Aberdâr" yn dilyn. Cipiodd ein côr y wobr gyntaf a chwpan hardd, gwerth dros £1,000, ond fe enillon ni lawer mwy yn Crystal Palace y diwrnod hwnnw. Nawr byddai pawb drwy'r byd yn gwerthfawrogi diwylliant a balchder "y wlad fechan yn y mynyddoedd".

Roedd Cwmni Crystal Palace wedi cyhoeddi Cyfarfod Cerdd Cenedlaethol ar gyfer mis Gorffennaf 1872, gyda chystadlaethau 'agored i'r byd'. Roedden ni'n mynd i gystadlu ar y côr cymysg. Bobol bach! Mae'r palas yna'n ddigon o ryfeddod gyda'i 60,000 paen o wydr yn sownd wrth drawstiau haearn o'n gwaith haearn ni yn Abernant. Roedd y rheilffordd wedi trefnu trenau ychwanegol,

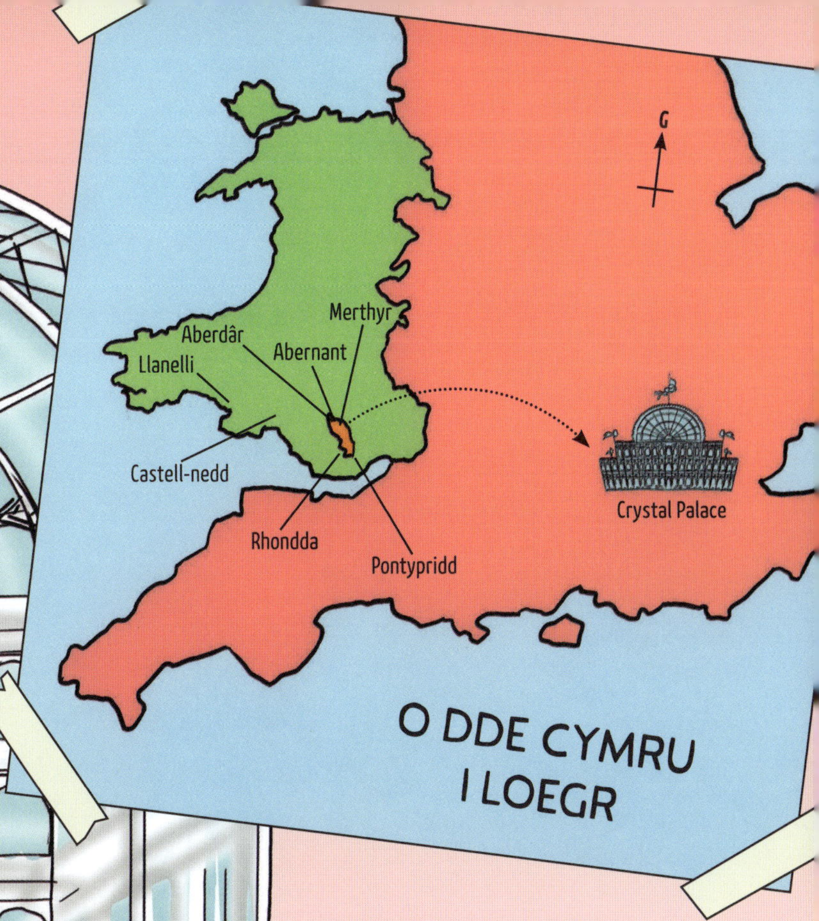

er mwyn sicrhau cynulleidfa dda, ac yn cynnig prisiau rhad i bartïon. Roedd y lle'n ferw gwyllt. Roedden ni wedi bod wrthi'n ymarfer ers wythnosau. Tua 150 oedden ni, griw Aberdâr, ond ymunodd corau o Lanelli, Castell-nedd, Merthyr, Rhondda a Phontypridd â ni, nes oedden ni'n 456 i gyd. Ar ôl yr holl gymanfaoedd canu, roedden ni'n gwybod sut i gynhyrchu'r corws melysaf erioed. Pan ddechreuon ni ganu *In Tears of Grief*, trodd aelodau'r gerddorfa eu pennau mewn syndod wrth i'n lleisiau ymchwyddo a llifo drostyn nhw fel ton. Canon ni bump cân i gyd. Roedd ein cân olaf, *Rhyfelgyrch Gwŷr Harlech*, yn ddigon i ddeffro'n cyndeidiau! Roedd y côr ar dân. Llenwyd y palas gwydr â tharan y baswyr a sain bur y tenoriaid wrth i ni gyrraedd y diweddglo: 'Rhyddid aiff â hi!'

Aethon ni adre ar y trên deg. Doedd neb arall wedi cystadlu yn ein herbyn, ond dim ots. Roedden ni wedi canu'n wych. Canon ni'r holl ffordd adre. Yn ôl y *Daily News*, "Uchafbwynt y diwrnod oedd canu ardderchog y côr o Dde Cymru."

Cymru Greadigol

Ganwyd yr arlunydd, Gwen John, yn Hwlffordd. Cafodd Augustus, ei brawd iau, oedd hefyd yn arlunydd, fwy o sylw na hi yn ystod eu bywydau, a hynny'n annheg braidd. Ar ôl graddio o Ysgol Gelf y Slade, aeth Gwen i Paris i fyw, a ddaeth hi ddim yn ôl. Mae llawer o'i phaentiadau'n dangos menywod a golwg feddylgar ar eu hwynebau.

Merch 15 oed o'r Fenni oedd Kate Williams, pan ddechreuodd berfformio fel menyw gref ar ddechrau'r 1900au. Daeth yn enwog fel aelod o gwmni o berfformwyr athletig o'r enw Atlas a Vulcana, a pherfformiodd mewn neuaddau a theatrau ar draws y byd. Enillodd gannoedd o fedalau am godi pwysau. Mae'n debyg ei bod yn gallu codi dyn 12 stôn a'i ddal led braich uwch ei phen. Roedd hi'n reslo, nofio, paffio, cleddyfa, ac yn annog merched i gadw'n heini gyda'r geiriau, 'Tynnwch eich corsets!'

Rydyn ni wedi dod i wybod am rai pobl Ddu mewn hanes drwy eu gweld mewn gweithiau celf. Yn aml roedd gan bobl gyfoethog weision Du. Mae llun y coetshwr ifanc ym mhlasty Erddig, Wrecsam, wedi achosi cryn benbleth i haneswyr. Fe wyddon ni mai ei enw yw Robin Conwy, ond sut daeth e i Erddig? O ble? Beth mae'r llun crand hwn yn ei ddweud amdano?

Rydyn ni wedi canu *Hen Wlad fy Nhadau* ers yr 1800au, ac i deulu James, Pontypridd, mae'r diolch am yr anthem deimladwy hon. Yn 1856 ysgrifennodd James James yr alaw ac ysgrifennodd ei dad, Evan James, y geiriau. Os oes unrhyw un yn amau hyn, mae yna gopi o'r gwaith yn llawysgrifen James James ei hun yn y Llyfrgell Genedlaethol.

Ers 1947, mae cantorion, dawnswyr, cerddorion ac ymwelwyr o bob cwr o'r byd wedi tyrru i Langollen bob Gorffennaf i fwynhau'r Eisteddfod Ryngwladol. Mae gan fiwsig y gallu i uno pobl o gefndiroedd gwahanol. Arwyddair yr Eisteddfod Ryngwladol yw 'Byd gwyn fydd byd a gano. Gwaraidd fydd ei gerddi fo.'

Mae Cymru wedi cynhyrchu rhai o actorion rhyngwladol enwoca'r byd. Mae'n syndod faint o'r sêr hynny sy wedi dod o ardal Port Talbot - Richard Burton ac Anthony Hopkins - a nawr rhaid ychwanegu Michael Sheen. Er mai yn y Swistir y cafodd Richard Burton ei gladdu, mae carreg ger bedd ei rieni ym Mhontrhydyfen yn ein hatgoffa o'i wreiddiau. Arni mae'r geiriau 'Seren Cymru a'r Byd.'

Bob blwyddyn ers 1984 mae tref Aberhonddu wedi berwi o jazz. Mae ei gŵyl jazz, sy'n para am chwe diwrnod, yn enwog drwy'r byd. 'Jazz ym mryniau Cymru - ewch amdani!' meddai George Melly, y cerddor jazz byd-enwog, a dyna symbylodd y bobl leol i drefnu gŵyl yng Nghymru yn null New Orleans.

Yn ôl yn yr 1970au, dychmyga gystadleuaeth ganu debyg i *The Voice* a merch ifanc o Gymru yn ei hennill! Daeth Iris Williams mor enwog ledled y wlad, fe gafodd ei chyfres deledu ei hun ar y BBC a bu'n seren y *Royal Variety Performance* sawl gwaith. Merch o Rydyfelin ger Pontypridd oedd Iris, a bu'n byw mewn cartref plant cyn cael ei mabwysiadu. Enillodd ysgoloriaeth i'r Coleg Cerdd Brenhinol, a daeth ei sioeau cabaret yn llwyddiant rhyngwladol yma ac yn UDA.

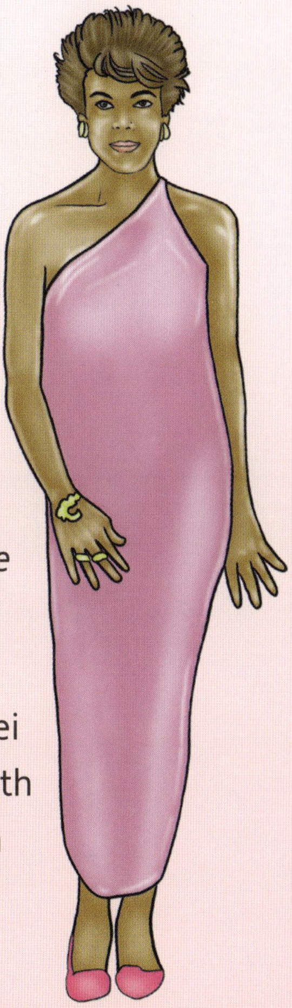

Ynys Enlli ger Penrhyn Llŷn, dyna lle gwnaeth Brenda Chamberlain (1912-1971) ei chartref a dod yn enwog am ei gwaith celf. Ganwyd hi ym Mangor ac astudiodd yn y Coleg Celf Brenhinol. Yn ei llyfr *Tide-Race*, mae'n dweud mai lliwiau'r tirlun, pŵer y môr, a bywyd unig Ynys Enlli ysbrydolodd ei gwaith.

Cefnogaeth a Lloches

CYMUNED AR STREIC

- 1984 — Margaret Thatcher a llywodraeth y Deyrnas Unedig yn cefnogi'r cynllun i gau 20 pwll glo ym Mhrydain.
- 1984 — Streic y glowyr. Ar ôl 7 mis mae'r Uchel Lys yn datgan bod y streic yn anghyfreithlon.
- 1985 — Streic yn dod i ben am nad oes arian ar ôl gan yr Undeb. Llawer o byllau'n cau o fewn deg mlynedd.
- 1992 — Cyhoeddi bod tua 32 pwll arall yn cau.
- 2008 — Glofa'r Tŵr yn Hirwaun, y pwll dwfn olaf yng Nghymru, yn cau. Hwn oedd y pwll dwfn hynaf yn y byd oedd yn dal i weithio.

Glo yw popeth i'n cymuned ni. Gwaith, bwyd, ffrindiau, hyd yn oed y bryniau o'n cwmpas, maen nhw i gyd yn dibynnu ar lo. Mae cenedlaethau o lowyr wedi byw yma yn Nulais, pobl fel fy nhad-cu a'm mam-gu, a'u rhieni nhw. Dwi wedi gweld lluniau o'r glowyr cyntaf yn cloddio'r graig, a'u hwynebau'n llwch i gyd. Ond nawr mae popeth ar chwâl.

Mae Dad wedi newid ers iddo glywed bod y pwll yn cau. Mae'n fyr ei dymer drwy'r amser, dwi'n teimlo. Dau ddeg pwll yn cau a 20,000 o swyddi'n diflannu! Meddylia am y teuluoedd yna i gyd. Nawr mae pawb yn gwneud dim ond trefnu streiciau, picedi, parseli bwyd a cheginau cawl, er does dim llawer i'w fwyta. Mae Mam a'i ffrindiau'n peintio sloganau mewn llythrennau mawr coch ar hen gynfasau gwely: 'GLO YN LLE DÔL!' 'Fydd 'na ddim Nadolig eleni, Rhys,' meddai Mam, ac er 'mod i newydd gyrraedd naw oed, ches i ddim cacen ben-blwydd. Roedd Mam yn crio. Allwn ni ddim byw ar ddeg punt yr wythnos, meddai hi. Allwn ni ddim talu'r biliau ac rydyn ni'n rhewi bron bob nos. Roedden ni'n arfer eistedd o flaen tanllwyth o dân, ond nawr, os ydyn ni'n lwcus, bydd 'na rofiaid o lo mân a dim mwy. O, mae 'mol i'n gweiddi am gacen.

Gwelais i'r llinell biced ar y teledu. Roedd y dynion yn gweiddi ac yn ymladd â'i gilydd. Mae Mam yn dweud na cha i ddim chwarae gyda'r bechgyn drws nesa nawr am eu bod nhw'n sgabs. Mae tad Wil yn sgab hefyd. Sgabs yw'r bobl sy'n trio torri'r streic, meddai Mam. Maen nhw wedi mynd yn ôl i'r gwaith er ein bod ni i gyd i fod i sefyll yn gadarn yn erbyn y Bwrdd Glo a Mrs Thatcher. Dwedodd dyn yr Undeb, 'Mae niwed i un person yn niwed i bawb.' Trio dweud oedd e, dwi'n meddwl, y byddwn ni i gyd yn gryfach os glynwn ni at ein gilydd fel morgrug.

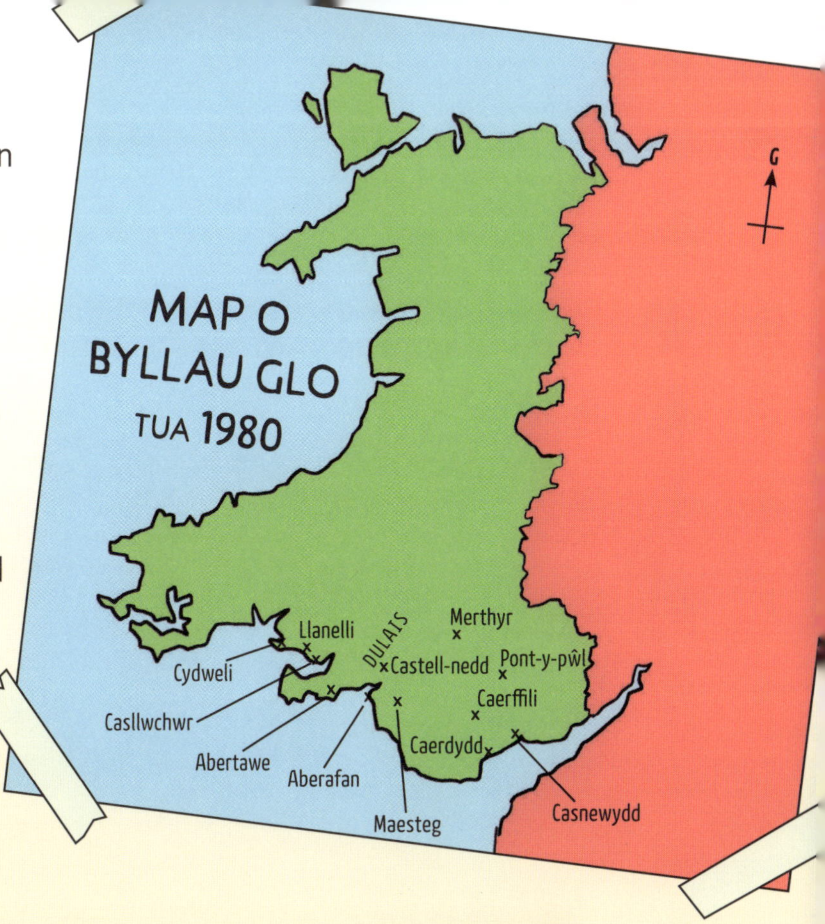

Heddiw, pan oedden ni allan yn chwarae, fe welson ni fws mini gwyn. Arno roedd triongl pinc a'r geiriau 'Lesbiaid a Hoywon yn Cefnogi'r Glowyr. LHCG'.

Dwi ddim yn meddwl eu bod nhw'n rhan o'r streic hyd yn oed, ond maen nhw wedi casglu miloedd o bunnoedd i'n helpu. Roedd y wraig â'r megaffon yn gweiddi 'Ochr yn ochr!' a 'Gyda'n gilydd!' a 'Mewn undod mae nerth!' a phethau felly, a bloeddiodd pawb 'Hwrê!'

Ochr yn Ochr

Mae'r gefnogaeth i streic y glowyr yn 1984 gan y gymuned LHDTC+ yn stori wir, ac yn destun y ffilm *Pride*. Mae'r ffilm yn dangos y croeso roddodd glowyr Cymru i'w cefnogwyr annisgwyl o'r gymuned LHDTC+ a sut y daeth y ddwy gymuned yn ffrindiau agos, gan sefyll ochr yn ochr yn erbyn penderfyniad y llywodraeth i gau'r pyllau glo.

Roedd Paul Robeson, y canwr a'r actor Du enwog o America, yn gefnogol iawn i lowyr Cymru. Roedd e'i hun wedi cael ei drin yn annheg oherwydd lliw ei groen a hefyd ei ddaliadau gwleidyddol asgell chwith. Pan ymwelodd â Chymru yn yr 1930au, fe welodd fod y glowyr yn dioddef annhegwch a datgan hynny'n gyhoeddus.

Yn 1923 arwyddodd miloedd o fenywod cyffredin yng Nghymru ddeiseb yn galw am heddwch. Gofynnon nhw i fenywod America berswadio llywodraeth bwerus UDA i ymuno â Chynghrair y Cenhedloedd oedd yn canolbwyntio ar heddwch byd-eang. Lwyddon nhw ddim i sicrhau hynny ar y pryd, ond fe wnaeth eu gwaith arwain y ffordd tuag at sefydlu'r Cenhedloedd Unedig ar ôl yr Ail Ryfel Byd.

Ganwyd Käthe Bosse-Griffiths (Kate) i deulu Iddewig yn yr Almaen yn 1910. Pan gychwynnodd y Natsïaid erlid yr Iddewon, dihangodd Kate i'r Deyrnas Unedig. Yno cwrddodd â Chymro a'i briodi. Daethon nhw i fyw yn y Rhondda yn 1939. Cafodd Kate ddylanwad mawr ar lenyddiaeth Cymru, ac roedd hefyd yn Eifftolegydd o fri! Bu Kate farw yn 1998.

Yn ystod yr Ail Ryfel Byd, glaniodd bomiau ar ddinasoedd Prydain. Y Blitz oedd enw'r ymosodiad hwn. Trefnodd y llywodraeth i blant adael y dinasoedd. Yn 1939 teithiodd miloedd o blant ar drenau i Gymru o ddinasoedd fel Lerpwl, Llundain a Birmingham, a mynd i fyw gyda theuluoedd Cymreig. Roedd yn brofiad anodd a rhyfedd iawn i'r faciwîs, ond, drwy'r profiad hwn, fe ddaeth pobl yn ymwybodol o'r gwahaniaethau mewn iaith a diwylliant ar draws Prydain.

Ymhell cyn i ni gael Gwasanaeth Iechyd Gwladol (GIG), bu Cymdeithas Cymorth Meddygol Tredegar yn arbrofi gyda system newydd. Drwy dalu symiau bach o arian yn rheolaidd, câi pob aelod wasanaethau meddygol yn rhad ac am ddim, pan oedd angen. Drwy gydweithio fel hyn, gallai pawb gael gofal iechyd. Dyna pam mae pobl yn aml yn dweud mai Cymru yw man geni'r Gwasanaeth Iechyd Gwladol, a gwleidydd o Gymru, o'r enw Aneurin Bevan, sefydlodd y GIG.

Rhaid gwarchod bywyd gwyllt hefyd. Yn 2007 pleidleision ni'r Cymry dros gael aderyn cenedlaethol, a'r enillydd oedd y barcud. Mae cerflun o'r aderyn hardd hwn y tu allan i Gastell Caerdydd. Cafodd y barcud ei erlid, ac erbyn yr 20fed ganrif roedd bron â diflannu o'r wlad. Drwy waith hynod o ofalus unigolion a sefydliadau fel y Gymdeithas Frenhinol er Gwarchod Adar, mae niferoedd ein haderyn cenedlaethol wedi cynyddu'n rhyfeddol.

Yn dilyn rhyfel cartref yn Syria yn 2018, daeth dros fil o deuluoedd i Gymru i chwilio am loches. Ymsefydlodd sawl teulu yn Sir Gaerfyrddin. Ar ôl cael eu dadleoli, mae ffoaduriaid yn dangos cryfder mawr trwy addasu i amgylcheddau newydd.

BETH YW HANES?

Astudiaeth o'r gorffennol yw hanes.

Mae gan bawb ei hanes ei hun.

Meddylia am dy hanes personol a'i rannu.

Gall pobl eraill ein helpu hefyd.

Mae gyda ni atgofion o wahanol adegau yn ein bywydau allai gael eu cynnwys mewn hanes teulu neu gymuned. Mae storïau, ffotograffau, dogfennau a phethau eraill yn ein helpu i gofio.

BETH YW HANES CYMRU?

Mae hanes yn helpu pobl i deimlo'u bod yn perthyn. Mae rhannu'r un hanes yn ein gwneud yn rhan o gymuned fwy. Hefyd mae'n gwneud i ni deimlo'n nes at bobl y gymuned honno – eu hanes nhw yw dy hanes di. Gall fod yn hanes dy bentref neu dref, dy gymuned, neu wlad gyfan. Mae gan y llefydd sy'n gyfarwydd i ni, ac sy'n gwneud i ni deimlo'n gartrefol, eu hanes. Yr enw am hyn yw'n *cynefin* (gweler tud. 25).

Mae gan Gymru hanes. Mae'r hanes i'w weld yn y tirlun ac i'w glywed mewn storïau, caneuon a cherddi. Gallwn ddysgu am y gorffennol drwy ddogfennau a llyfrau hanes, yn ogystal â'r pethau cyffredin mae pobl yn gadael ar eu holau.

Drwy astudio hanes rydyn ni'n dysgu sut a pham digwyddodd pethau.

Mae'n ein helpu i ddeall y byd o'n cwmpas.

PWY SY'N CREU HANES?

Mae haneswyr yn casglu gwybodaeth drwy chwilota mewn archifau am ddogfennau fel llythyron, cofnodion plwyf, hen bapurau, peintiadau a phethau sy'n adrodd stori am y gorffennol.

Ond mae hanes yn gymhleth.

Weithiau mae pethau neu ffeithiau pwysig yn mynd yn angof neu ar goll.

Mae rhai hanesion yn cael eu trosglwyddo ar lafar, a does neb yn eu rhoi ar bapur.

Mae rhai pobl a digwyddiadau'n cael eu gadael allan o hanes. Maen nhw'n cael eu hanghofio neu does neb yn meddwl eu bod yn ddigon pwysig i'w cofnodi. Er nad yw hyn yn digwydd o fwriad bob amser, gall wneud i rai pobl deimlo nad ydyn nhw'n perthyn.

Meddylia am bobl sy wedi cael eu gadael allan o hanes.

Ystyria, a rhannu, pam mae rhai pethau'n cael eu cofio a'u cofnodi, ac eraill ddim.

Weithiau mae storïau/atgofion o'r un digwyddiad yn wahanol iawn, yn ôl pwy sy'n dweud y stori.

Tro'n ôl at hanes streic y glowyr a meddylia. Beth fyddai stori'r glowyr? Beth fyddai stori'r llywodraeth? Beth sy'n bwysig i'r bachgen ifanc yn y stori?

Nid haneswyr yw'r unig rai sy'n ymchwilio i hanes a'i ysgrifennu. Mae rhai hanesion yn cael eu cofnodi gan gymunedau neu bobl gyffredin. Maen nhw'n ysgrifennu'r hanes o'u safbwynt eu hunain. Galli di ymchwilio i ryw hanes a'i ysgrifennu.

Heddiw rydyn ni'n clywed yn aml am 'newyddion ffug', sef storïau sy ddim yn ffeithiol gywir, neu sy'n gwneud defnydd anghywir o ffeithiau er mwyn lledu rhyw fersiwn arbennig o stori. Mae haneswyr yn ceisio gwahaniaethu rhwng ffaith go iawn a barn neu ymateb personol. Maen nhw'n astudio llawer o wahanol ffynonellau i weld a ydyn nhw'n cytuno. Drwy wneud hyn, mae eu hadroddiad yn fwy cadarn. Ond dyw hynny ddim yn golygu na all eu hadroddiad gael ei herio.

Yn aml rhaid i hanes gael ei ailysgrifennu, am fod ffeithiau newydd wedi dod i'r golwg.

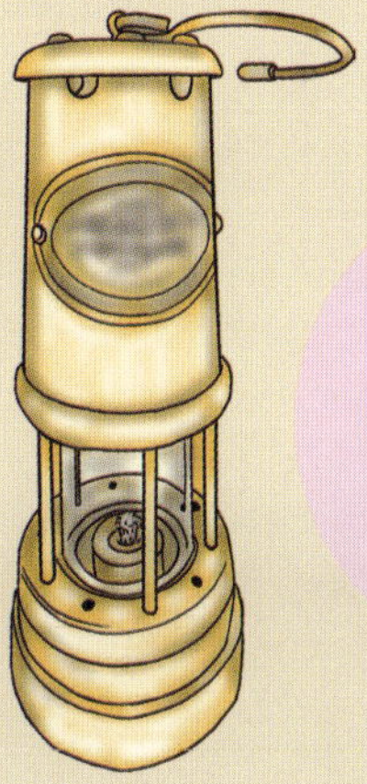

Weithiau gall gwybodaeth wyddonol newydd sbon herio'r ffeithiau rydyn ni wedi'u dysgu. Er enghraifft, pan ddarganfuwyd hen sgerbwd mewn siambr gladdu â lliw coch ar yr esgyrn, yr enw roddwyd iddo oedd 'Dynes Goch Pafiland.' Erbyn hyn, mae profion gwyddonol wedi dangos nad sgerbwd dynes yw e, ond sgerbwd dyn ifanc!

Weithiau mae llywodraeth neu bobl mewn grym eisiau gofalu na fydd stori'n cael ei chynnwys mewn llyfr hanes. Efallai'i bod yn sôn am ddigwyddiad neu berson oedd yn ddrwg neu gywilyddus, felly dydyn nhw ddim am i neb wybod amdani. Sensoriaeth yw'r enw am hyn.

Meddylia pam mae prawf mor bwysig mewn hanes a sut y gall prawf newid.

Awgryma neu feddwl am hanes gafodd ei guddio'n bwrpasol.

LLINELL AMSER

FFEITHIAU DIFYR O BOB MATH

c.383

Roedd y Rhufeiniaid wedi uno llwythau Cymru, ac mae rhannau o'r wlad yn rheoli'u hunain. Mae awdurdod yr Ymerodraeth Rufeinig yn dod i ben.

1276

I dalu costau'r rhyfel, mae Llywelyn ap Gruffudd yn codi trethi. Am bob anifail mawr, rhaid i'r perchennog dalu tair ceiniog.

c.1797

Mae'r cymeriad lliwgar 'Siôn Cwilt' yn dianc o afael y casglwyr tollau ger Aberteifi, gan adael bwthyn yn llawn o win wedi'i smyglo. Mae'n debyg bod Siôn yn gwisgo hen gôt glytiog oedd yn debyg i gwilt.

1842

Mae'r soprano Edith Wynne, 'Eos Cymru', yn cael ei geni yn Nhreffynnon. Mae'n mynychu'r Academi Cerdd Brenhinol yn yr 1860au, yn dod yn seren ac yn cael ei gwahodd deirgwaith i ganu o flaen y teulu brenhinol.

1985

Kate Roberts, 'Brenhines Llên Cymru', yn marw. Ganwyd Kate yn Rhosgadfan, Gwynedd, yn 1891, ac astudiodd Gymraeg yng Ngholeg Prifysgol Bangor. Mae llawer o'i storïau a'i nofelau'n sôn am fywydau caled teuluoedd y chwarelwyr yng ngogledd Cymru.

1987

Yn 1987, sefydlwyd Canolfan Hanes a Chelfyddyd Tre-biwt gyda help yr Americanwr a'r academydd, Dr Glenn Jordan. Casglodd y Ganolfan ddogfennau, ffotograffau ac atgofion y bobl leol a'u cadw ar gyfer cenedlaethau'r dyfodol. Yn anffodus caeodd y Ganolfan yn 2017, oherwydd diffyg cymorth ariannol, ond mae'r archifau'n dal i fodoli.

2022

Cychwyn y rhyfel rhwng Rwsia ac Wcráin. Mae llawer o Wcreiniaid yn ffoi, a llywodraeth Cymru'n creu cynllun arbennig i groesawu'r ffoaduriaid. Mae'r Urdd, mudiad ieuenctid mwyaf Cymru, yn cau un o'i wersylloedd i'r cyhoedd er mwyn i blant o Wcráin a'u teuluoedd allu aros yno. Maen nhw'n cael bwyd, gofal iechyd, addysg, ac yn bwysicaf oll, teimlad o heddwch a diogelwch.

2024

Ethan Ampadu, 23 oed, yw'r pêl-droediwr ieuengaf i ennill 50 cap dros Gymru. Mae Tîm Pêl-droed Merched Cymru'n creu hanes drwy gyrraedd rowndiau terfynol Ewro 2025, eu twrnamaint rhyngwladol cyntaf.

1845

Mae'r Gymraes, Jessie Donaldson (1799–1889), sy'n ymgyrchydd yn erbyn caethwasiaeth, yn gwneud gwaith anhygoel yn Ohio, drwy roi lloches a chefnogaeth i gaethweision yn ei 'thŷ diogel'. Edrychwch am ei phlac glas yn Abertawe.

1862

Mae William Hall yn gwneud ei gartref yng Nghaerdydd, ar ôl dianc rhag caethwasiaeth. Yna mae'n ysgrifennu llyfr am y driniaeth greulon ac annynol a gafodd yn ystod 33 blynedd fel caethwas yn America.

1899

Mae pêl-droed yn dod yn boblogaidd yn ne Cymru, a thîm o'r enw Riverside yn cael ei sefydlu yng Nghaerdydd. Mae'r tîm yn newid ei enw i Ddinas Caerdydd yn 1908.

1922

Mae Iris de Freitas (1896–1989) o Guyana, De America, yn graddio yn y gyfraith o Brifysgol Cymru, Aberystwyth. Mae'n cael gyrfa ddisglair iawn. Hi oedd y fargyfreithwraig gyntaf yng Ngharibî'r Gymanwlad, gan arwain y ffordd i fenywod eraill ddilyn gyrfa yn y gyfraith yn y rhan honno o'r byd.

1928

Ar ôl brwydr hir ac anodd gan ymgyrchwyr dros hawliau menywod, sef y Swffragetiaid, mae pob gwraig yn y Deyrnas Unedig yn cael yr hawl i bleidleisio. Y gangen fwyaf o Swffragetiaid y tu allan i Lundain yw cangen Caerdydd, dan ei llywydd Rose Mabel Lewis.

1934

Mae Dylan Thomas, y bardd ac awdur enwog, yn cyhoeddi'i lyfr cyntaf, *18 Poems*, yn 20 oed. Mae miloedd o ymwelwyr yn dal i dyrru i'r *Boathouse* yn Nhalacharn, lle'r ysgrifennodd Dylan Thomas rai o'i weithiau gorau.

1937

Mae rhyfel wedi cychwyn yn Sbaen rhwng dwy blaid wleidyddol, y Cenedlaetholwyr a'r Gweriniaethwyr. Mae cannoedd o Gymry'n ymuno â'r Frigâd Ryngwladol i ymladd o blaid y Gweriniaethwyr. Yn 1937, mae 4,000 o blant o Wlad y Basg yn Sbaen, yn dod i Brydain er diogelwch. Mae 200 o'r plant yn cael lloches mewn canolfannau yn Abertawe, Caerllion, Bae Colwyn a Brechfa.

1968

Mae'r arlunydd o Fôn, Syr John Kyffin Williams (1918–2006), neu 'Kyffin' fel mae pawb yn ei alw, yn ennill ysgoloriaeth Winston Churchill, sy'n ei alluogi i astudio a pheintio yn y Wladfa, ym Mhatagonia. Mae'n cael ei ystyried yn un o arlunwyr Cymreig gorau'r 20fed ganrif, ac yn enwog am ei beintiadau o dirlun garw Cymru a bywyd cefn gwlad.

DYMA'R AWDURON A'R DARLUNYDD

Mae **Charlotte Williams** yn awdur ac yn Athro ym Mhrifysgol Bangor. Cafodd ei magu yn Llandudno, ond mae ganddi gysylltiadau teuluol agos â Guyana, gwlad ar arfordir gogleddol De America. Yn 2007, cafodd Charlotte OBE am ei gwaith gyda lleiafrifoedd ethnig a chyfleoedd cyfartal yng Nghymru. Mae wedi ysgrifennu llawer o erthyglau a llyfrau ar gyfer oedolion, ac enillodd wobr Llyfr y Flwyddyn 2003 am ei llyfr *Sugar and Slate*. Hwn yw ei llyfr cyntaf i blant. Yn ei hamser sbâr, mae Charlotte yn mwynhau gwnïo, darllen nofelau a chwarae gyda'i hwyrion.

Awdur o Aberystwyth yw **Siân Lewis**. Astudiodd Ffrangeg yng Ngholeg Prifysgol Caerdydd ac yna mynd i weithio fel llyfrgellydd, gan ei bod wedi mwynhau bod yn aelod o lyfrgell er pan oedd hi'n ddigon hen i ddal llyfr. Yn ddiweddarach bu ar staff Adran Gylchgronau'r Urdd a dechrau ysgrifennu storïau i blant. Erbyn hyn mae wedi ysgrifennu dros 250 o lyfrau i blant yn Gymraeg a Saesneg, ac wedi ennill nifer o wobrau, gan gynnwys *The Earthworm Award* (1994), Tlws Mary Vaughan Jones (2015) a Gwobr Tir na n-Og ddwywaith. Yn ei hamser sbâr, mae Siân yn mwynhau mynd am dro a datrys posau.

Arlunydd o Dre-biwt, Caerdydd, yw **Kyle Legall**. Mae'n gweithio mewn sawl *genre*, gan gynnwys animeiddio, gwneud ffilmiau, cerfluniaeth, theatr a murluniau graffiti, ac mae ganddo'i label dillad ei hun, *Higher Graphics*. Yn 2024 cafodd peintiadau Kyle o Derfysgoedd Hil Caerdydd 1919 eu harddangos yn y Llyfrgell Genedlaethol yn Aberystwyth. Hefyd, mae darn o'i waith celf, *Upside-Down World*, sy'n nodi cysylltiad Cymru â'r fasnach gaethweision, i'w weld yn Oriel Gelf Glynn Vivian yn Abertawe. Yn ei amser sbâr, mae Kyle yn mwynhau creu miwsig, ysgrifennu barddoniaeth a pheintio.